新媒体文化与大学生思想教育研究

全晓松 ◎ 著

九州出版社

JIUZHOUPRESS

图书在版编目（CIP）数据

新媒体文化与大学生思想教育研究 / 全晓松著. --
北京：九州出版社, 2018.7
　ISBN 978-7-5108-7425-3

　Ⅰ.①新… Ⅱ.①全… Ⅲ.①大学生－思想政治教育
－研究－中国 Ⅳ.①G641

中国版本图书馆CIP数据核字(2018)第177006号

新媒体文化与大学生思想教育研究

作　　者	全晓松　著
出版发行	九州出版社
地　　址	北京市西城区阜外大街甲35号（100037）
发行电话	(010)68992190/3/5/6
网　　址	www.jiuzhoupress.com
电子信箱	jiuzhou@jiuzhoupress.com
印　　刷	廊坊市海涛印刷有限公司
开　　本	710毫米×1000毫米　　16开
印　　张	7.5
字　　数	140千字
版　　次	2018年8月第1版
印　　次	2018年8月第1次印刷
书　　号	978-7-5108-7425-3
定　　价	38.00元

前　言

　　新媒体是现代信息科技的重要产物之一，它以新技术为核心为现代人带来视听盛宴，在新媒体技术及理论不断发展的过程中，逐渐形成了一种新媒体文化。新媒体文化是现代社会的一种新的文化形态，并且具有很高的开放度，这使世界连成一体，不论男女老少，或是富贵贫贱，在新媒体的世界里，大家都是平等的，都可以通过社交网站、社交软件等去交流与了解。虽然新媒体文化对人类世界有一定的益处，但是其毕竟代表的是一种虚拟的世界，所以，它还有一定的复杂性，这种复杂性模糊了人与人之间的现实界限，使现实中的人类很容易就迷失在这个世界中。现代大学生是一群比较容易接受新鲜事物的群体，微信、微博已经融入他们的日常生活，他们时刻深受新媒体文化的影响。由于新媒体环境的虚拟性，大学生很容易就去对思想道德的正确判断。因此，高校思想政治教育工作必须与时俱进，从新媒体的角度出发，真正契合大学生的思想政治教育需求。

　　新媒体时代，高校思想政治教育面临的现实背景是双重的：一方面，新媒体使得思想政治教育的社会环境、文化环境变得更加复杂，工作对象、模式、队伍受到冲击，对大学生的生活、学习、心理和价值观都带来了严峻的挑战；另一方面，新媒体文化也给大学生思想政治教育带来了机遇，新媒体打破了时空的界限，让大学生接触到更加多元的文化，这些多元的文化会慢慢让大学生养成有选择地去思考的好习惯。并且，新媒体的个性也为大学生自我教育的开展提供了便利，自我教育的前提就是一个相对宽松、自由的环境，新媒体正好就满足了这一特点。

　　对于新媒体给大学生思想政治教育带来的新情况、新问题，我们不能刻意回避，而是要迎难而上，对这些新情况与新问题给出解决的方案，这不仅是当前思想政治教育工作者的任务与使命，同时也是大学生思想政治教育工作的新机遇。鉴于大学生思想政治教育在新媒体时代的新情况，作者对新媒体文化与大学生思想政治教育进行了系统的探究，通过多种研究方法，从全新的视角论述和阐释了新媒体时代下大学生思想政治教育研究的诸多问题，为当前的大学生思想政治教育工作指明了一条可行的出路。

本书理论性、系统性较强。本书不仅对新媒体文化以及思想政治教育的诸多理论知识进行了细致的阐述，同时还揭示了新媒体文化与思想政治教育的关系，剖析了新媒体文化对思想政治教育的影响。本书初步构建了新媒体文化与大学生思想政治教育研究的框架，从话语、思想政治教育模式、"中国梦"教育以及媒介素养等方面详细阐述了研究的体系，为研究者呈现出了直接的研究思路。

本书具有一定的创新性。本书不仅对新媒体文化与大学生思想政治教育进行了论述，同时还从现实情况出发，对网络思想政治教育进行了必要的阐述，这是思想政治研究界以及思想政治教育工作者需要关注的新问题，这也是本书的一大亮点。

新媒体文化已经全面影响到大学生的日常学习与生活，它在对大学生产生积极、进步与健康影响的同时，还对大学生的世界观、人生观与价值观带来不小的冲击，因此，无论是高校，还是思想政治教育研究者都应该警醒，不断探索新媒体时代思想政治教育工作的新方法。作者正是出于此目的才撰写了此书，当然，由于作者水平有限，书中的观点可能会存在一些不当之处，恳请各位读者批评指正。

目　录

第一章　新媒体、文化与新媒体文化

以互联网为代表的新媒体诞生以来，内容产业、制造业、广告业、软件开发业和信息服务业等相关产业相继如影相随成长壮大，成为"战略性新兴产业"的核心，是新型文化产业的杰出代表。

新媒体产业与新闻传播学、电信通信、计算机、市场营销、管理学、广告学和艺术学等学科有着千丝万缕的联系，属于交叉融合学科。新媒体产业涉及通信设备制造、高端计算机制造和广播电视设备及数字视听产品制造等制造业领域，实际操作过程中变数较多，实战性较强。因此，厘清新媒体产业的基本定义、产业分类、产业特征以及产业链，既需要科学合理进行多学科整合，又要紧扣时代脉搏，从中外新媒体产业发展的实际出发，理论联系实际展开论述。

第一节　新媒体的概念与特征

一、新媒体概念的梳理和界定

（一）不同学者对新媒体的理解

蒋宏主编的《新媒体导论》一书这样说道："就其内涵而言，新媒体是指20世纪后期在世界科学技术发生巨大进步的背景下，在社会信息传播领域出现的建立在数字技术基础上的能使传播信息大大扩展、传播速度大大加快、传播方式大大丰富的，与传统媒体迥然相异的新型媒体。就其外延而言，新媒体主要包括光纤电缆通信网、都市型双向传播有线电视网、图文电视、电子计算机通信网、大型电脑数据库通信系统、通信卫星和卫星直播电视系统、高清晰度电视、互联网、手机短信和多媒体的互动平台、多媒体技术以及利用数字技术播放的广播网等等。"这个概念界定目前来说是比较具体全面和完整的，但同时也让人感觉比较繁杂不便于理解和记忆。

匡文波对新媒体的界定是比较简明的，他说："（新媒体是）借助计算机（或具有计算机本质特征的数字设备）传播信息的载体。"其实从字面本身的意义上来看，所谓新媒体，一定是相对于旧媒体而言的，没有旧，何来新，所谓旧媒体，指的即是传统媒体。也就是说新媒体是一个相对的概念，是继报刊、广播、电视等传统媒体以后发展起来的新的媒体形态。但是新与旧之间的界限会随着时间的推移和社会的变迁而模糊，这也让人很怀疑这个相对而出的新媒体概念的科学性。宫承波就这样说道："严格意义来说，新媒体并非一个科学的概念，因为新是相对于旧来说，任何事物在诞生之始都是以新面目出现，但随着时间的流逝，新旧之间的界限会逐渐模糊，直至消失。"也就是说，新媒体还是一个时间性很强的概念。那么从比较严谨的角度说，所谓新媒体，只能是立足于目前，立足于当下，区别于人们长期使用的传统媒体的新媒体形态。

宫承波认为，新媒体形态又可以分为两种：一种是新兴媒体，一种是新型媒体。"（新兴媒体）是新媒体的典型形态，以网络媒体、手机媒体和（互动性）电视媒体为代表。它们依托全新的传播技术，以改变传播形态为主要诉求点，强调体验和互动，内容生产日趋分散化和个性化……另一类则可以称作新型媒体，包括户外新媒体、楼宇电视和车载移动电视等。它是在传统媒体的基础上依托新技术衍生而来的，其传播形态并未发生根本性改变……

（二）新媒体的两种界定

综上所述，我们可以对新媒体概念作广义和狭义两种界定。广义上的新媒体包括新兴媒体，也包括新型媒体；而狭义上的新媒体则专指新兴媒体。我们可以看到，相对于前述的两个新媒体概念来说，宫承波所界定的新媒体概念更清晰一些。尤其是对新兴媒体和新型媒体的区分，说明他既注意到了新媒体的技术层面的因素，也注意到了新媒体传播层面的特点。

对新媒体的相关研究主要是以狭义的新媒体概念，也就是以新兴媒体为主要关注点，主要集中在新媒体与新闻传播的关系上。关注新兴媒体中新闻传播方式和特点的新变化，新兴媒体不再是传统意义上的大众传播，而应是互动传播、人际传播的平台。如此而言，相对于新媒体中网络媒体的门户网站来说，笔者更关注博客、微博、BBS、视频网站的新闻传播，因为它们的传播形态才更凸显新媒体在当下的"新"。

二、新媒体及其产业的基本定义

（一）新媒体含义

美国传播学教授帕夫力克在《新媒体技术——文化和商业前景》一书中，描述了"新媒体景观轮廓和概念脉络"，给我们对新媒体的界定提供了启示。帕夫力克指出新媒体技术的基本环节，即生产、发送、显示和储存。

生产指的是那些用于搜集和加工信息的技术、包括计算机、电子照相机、扫描仪以及遥感技术。发送指的是电子信息在传输和运转时所采用的技术，包括无线广播、以地面为基地的远程通信、同轴电缆、卫星通信、无线传输和电力网。显示指将信息直接传送给终端用户、受众人员或者消费者，它们包括呈现不同格式电子信息的各种设备。存储指的是那些用于储藏电子格式信息的媒介。

我们认为，新媒体是运用计算机技术、电子通信技术、数字广播技术等高科技手段。通过互联网、无线通信网、数字广播电视网和卫星等传播渠道，通过计算机、手机、车船、楼宇广场、飞机火箭飞船和 MP3、MP4 等全天候、全方位的多样式接收终端，以个性化、精细化和联动化的传播方式，实现点对点、点对多、多对点以及多对多的传播。

（二）新媒体的一般特点

自从 1998 年 5 月 "第四媒体" 的概念被正式提出开始，第五媒体（手机）、第六媒体（楼宇广场）、第七媒体（车船）和第八媒体（星空）等相继被排序列入新媒体阵营。如果说。报纸杂志媒体、广播媒体和电视媒体的出现，形如 "三阳开泰"，开启了人类心智的窗口，创造了信息传播的新纪元，那么五种新媒体的横空出世，正像 "五子登科"，使世界真证进入到 "人体即媒介" 的 "地球村" 时代。

新媒体的 "新" 主要是相对传统大众媒体而言，归根结底就是传播载体新、传播方式新、传播效果新，继而带给受众新的思想、新的思维方式、新的生活方式、新的精神境界。美国经济学家詹姆斯科塔达（James W. Cortada）在 *Digital*，*Hand* 一书中，详尽描述了数字信息技术在 20 世纪后半叶及 21 世纪初扮演的角色和发挥的作用，包括对制造、运输、零售、金融、电信、媒体和娱乐行业等多个产业产生了深刻影响。

第一，新媒体及其产业的产生与成长过程，是信息技术不断更新进步、各种媒体交叉融合的过程。帕夫力克认为，"新媒体技术边界处于一个不断变化的流动状态，几乎不会受到约束"。澳大利亚学者大卫（David）在其著作《澳大利亚的媒体通信》（*The Media Communication in Australia*）中论及"融合"的力量和效果。他认为，传统媒体之间的融合、电信媒体之间的融合以及传统媒体与电信媒体的融合集中到一点组成了"互动信息平台"，产生了"互动产业"。

第二，新媒体的产生速率快，成长迅速。进入 21 世纪，除了互联网媒体不断更新外，各种新媒体纷至沓来。无论是互联网媒体，还是手机媒体、楼宇广场媒体、车载媒体等，其成长速度远远超过了传统媒体。广播和电视媒介分别在诞生近 40 年和 15 年后，才拥有 5000 万听众和视众，而互联网媒体从 1993 年对全世界公众开放，到拥有这个数量的用户只花了 4 年时间。手机媒体、楼宇广场和车载媒体等的产生与成长速度更是快得惊人。

第三，新媒体改变了以往"居高临下"的传播样式，不再是高高在上的说教，其伴随、实时、平等、互动、开放、亲和的传播形式，拉近了传受者的距离，有些地点和时间打破了传受者的界限，实现传者与受者的合二为一。新媒体随处可见随时可用，"议程设置"变化多样，"意见领袖"更迭频繁，"沉默的螺旋"在新媒体空间里大展身手。

第四，新媒体展示了前所未有的传播效果，在应急机制中有着不可替代的作用。新媒体可以"无障碍传播"，建立了法国传播学者戴维·莫利概念中的"媒介新秩序"和尼葛洛庞蒂的"记忆办公室"构想不谋而合。新媒体的到达率高，目标受众明确，传播效果优势明显。

新媒体是高科技的产物，是人类潜智的彰显，是想象力和创造力的体现。从某种意义上说，新媒体就是想象力媒体；新媒体产业，就是想象力产业；新媒体经济，就是想象力经济。

根据新媒体的概念，新媒体的分类为两大类：一类是全新技术载体和全新的传播特征与方式。例如互联网（含博客、播客、D 客）与手机短信；另一类是传统媒体应用高新技术嫁接到新的载体上，影响新的受众，产生新的媒体市场，手机电视、手机广播、手机报纸和车（船）载媒体、楼宇广场媒体、星空媒体等，都属于此种类型。

（三）新媒体的"新"特点

新媒体有着与传统报纸杂志广播电视完全迥异的传播渠道与受众人群，有着不同寻常的"新"特点。

一是实时性、移动性和伴随性。由于新媒体的技术特征所在，无论是何种形式的 IPTV，都具有实时性特点，IPTV 可以在第一时间传输信息，让用户实时感受和体验外界的瞬间变化。而 IPTV 用户感受和体验其实时性特质，则是倚靠接收终端的移动性和伴随性功能来实现的，使得用户无时无刻、随处随地地可以看到自己所需要的资讯。

二是草根性。新媒体用户中，移动人群的比例将日益增大，他们对节目的选择期望，大部分倾向于源自普通百姓的平民式草根作品，节目源头渠道广泛，内容丰富多彩，原创性强，富有灵感和激情。随着人民生活水平的提高，数码产品进入到了寻常百姓家，原创素材越来越多，中生代和新生一代已经不再满足于观赏"行家里手"的专业作品，期望创作拍摄"自己"的作品，在各种形式的新媒体上一展身手。这种饱含地域特色、来自基层百姓的草根文化作品，不仅可以激发受众对 IPTV 品牌的忠诚度，彰显个性化特征，而且避免了大量节目雷同的同质化竞争。

三是联动性。新媒体与传统广播电视最大的差异在于多向联动，如 IPTV 就被形象地解释为联动个性化电视（Interactive Personalized TV）。新媒体不但能像传统媒体那样接收广播电视节目，查阅各种信息，还能实现用户与 SP、用户与用户之间的互动，使用户摆脱时间制约，随心所欲阅读任何时候的文稿，收看自己想看的节目，并且可以非常容易地将广播电视服务和互联网浏览、电子邮件，以及在线信息咨询、娱乐、教育及商务等多种功能结合在一起。新媒体改变了传统媒体单一单向的传输模式，既可以单向传播，也可以双向或者多向联动传递信息。这种互动式、联动式的传播方式，让受众耳目一新，真正享受信息时代的愉悦与快乐。受众在接收信息、欣赏广播电视节目之余，可以即时传达自己的意愿和建议。联动性是新媒体的灵魂，它可以灵活地部署各类增值服务，根据用户不同的年龄、职业、收入状况、爱好，提供不同的个性化服务。

四是时尚性。新媒体是从"旧"媒体脱胎换骨而来的，是新潮时尚的代名词，这包括时尚的产品终端、新鲜刺激花样翻新的节目内容，别具一格的联动方式等。远程教育、可视电话、会议电视等"电子政务"等成为"移动城市""智慧城市"的重要内容，网上购物、网上银行、网上证券、网上彩票等电子商务日渐兴起，而在有些地方，甚至希望将新媒体视为"高端时尚礼物"，送给至爱亲朋。

五是定位性。当下的手机电视、车载电视、广场电视、星空电视和掌上电脑（PDA）电视等新媒体都具有传统媒体所不具备的 GPS（全球定位系统）功能，运营商可以依据 GPS 提供的不同区位的信息，锁定目标受众，即时调配节目和服务。受众也可以根据自身的位置和行进方向需求，选择所需要的节目或者服务，包括道路拥堵情况、最佳行车路线等交通路况信息、前进方向的人流车辆状况、即时天气资讯等。

第二节　文化的内涵

一、文化的表述

（一）广义的文化

文化大致可以表述为：广泛的知识并能将之活学活用；内心的精神和修养。

传统的观念认为：文化是人类在社会历史发展过程中所创造的物质财富和精神财富的总和。它包括物质文化、制度文化和心理文化三个方面。物质文化是指人类创造的物质文明，包括交通工具、服饰、日常用品等，它是一种可见的显性文化；制度文化和心理文化分别指生活制度、家庭制度、社会制度以及思维方式、宗教信仰、审美情趣，它们属于不可见的隐性文化。包括文学、哲学、政治等方面的内容。

人类所创造的精神财富，包括宗教、信仰、风俗习惯、道德情操、学术思想、文学艺术、科学技术、各种制度等。

广义的文化，是人类在社会历史实践过程中所创造的物质财富和精神财富的总和。

（二）狭义的文化

狭义指社会的意识形态以及与之相适应的制度和组织机构。

狭义的文化就是在历史上一定的物质生产方式的基础上发生和发展的社会精神生活形式的总和。

1871 年，英国文化学家泰勒在《原始文化》一书中提出了狭义文化的早期经典学说，即文化是包括知识、信仰、艺术、道德、法律、习俗和任何人作为一名社会成员而获得的能力和习惯在内的复杂整体。

文化也可以称之为社会团体共同的思维特征。不过"文化"有多少定义，但有一点还是很明确的，即文化的核心问题是人。有人才能创造文化。文化是人类智慧和创造力的体现。不同种族、不同民族的人创造不同的文化。人创造了文化，也享受文化，同时也受约束于文化，最终又要不断地改造文化。我们都是文化的创造者，又是文化的享受者和改造者。人虽然要受文化的约束，但人在文化中永远是主动的。没有人的主动创造，文化便失去了光彩，失去了活力，甚至失去了生命。我们了解和研究文化，其实主要是观察和研究人的创造思想、创造行为、创造心理、创造手段及其最后成果。

二、文化的分类

（一）不同学科对文化的不同理解

1. 从哲学角度解释，认为文化从本质上讲是哲学思想的表现形式。由于哲学的时代和地域性从而决定了文化的不同风格。一般来说，哲学思想的变革引起社会制度的变化，与之伴随的有对旧文化的镇压和新文化的兴起。

2. 从存在主义的角度，文化是对一个人或一群人的存在方式的描述。人们存在于自然中，同时也存在于历史和时代中；时间是一个人或一群人存在于自然中的重要平台；社会、国家和民族（家族）是一个人或一群人存在于历史和时代中的另一个重要平台；文化是指人们在这种存在过程中的言说或表述方式、交往或行为方式、意识或认知方式。文化不仅用于描述一群人的外在行为，文化特别包括作为个体的人的自我的心灵意识和感知方式。一个人在回到自己内心世界的时的一种自我的对话、观察的方式。

3. 从文化研究的角度看，文化，即使是意识形态，也不是绝对排他的。对葛兰西来说，文化霸权并不是一种简单的、赤裸裸的压迫和被压迫关系。"统治集团的支配权并不是通过操纵群众来取得的……统治阶级必须与对立的社会集团、阶级以及他们的价值观进行谈判，这种谈判的结果是一种真正的调停。……这就使得意识形态中任何简单的对立，都被这一过程消解了。"它成为一种从不同阶级锚地取来的不同文化和意识形态的动态的联合。

4. 文化是人类创新活动永恒拓展的载体、创新水平提升的工具、传播的手段。

（二）文化的分类

斯特恩 H. H. Stern（1992：208）根据文化的结构和范畴把文化分为广义和狭义两种概念。广义的文化即大写的文化（Culture with a big C），狭义的文化即小写的文化（culture with a small c）。

汉科特·汉默里 Hammerly（1982）把文化分为信息文化、行为文化和成就文化。信息文化指一般受教育本族语者所掌握的关于社会、地理、历史等知识；行为文化指人的生活方式、实际行为、态度、价值等，它是成功交际最重要的因素；成就文化是指艺术和文学成就，它是传统的文化概念。

（三）文化的层次

因为文化具有的多样性和复杂性，很难将文化给出一个准确、清晰的分类标准。因此，这些对文化的划分，只是从某一个角度来分析的，它是一种尝试。

对文化的结构解剖，有两分说，即分为物质文化和精神文化；有三层次说，即分为物质、制度、精神；有四层次说，即分为物质、制度、风俗习惯、思想与价值。有六大子系统说，即物质、社会关系、精神、艺术、语言符号、风俗习惯等。

文化有两种，一种是生产文化，一种是精神文化。科技文化是生产文化，生活思想文化是精神文化。任何文化都为生活所用，没有不为生活所用的文化。任何一种文化都包含了一种生活生存的理论和方式，理念和认识。

至于对文化的结构，不同的说法也很多。一般地把它分为下列几个层次：物态文化、制度文化、行为文化、心态文化。

物态文化层是人类的物质生产活动方式和产品的总和，是可触知的具体实在的事物，如衣、食、住、行。

制度文化层是人类在社会实践中建立的规范自身行为和调节相互关系的准则。

行为文化层是人际交往中约定俗成的以礼俗、民俗、习惯和风俗，它是一种社会的、集体的行为。

心态文化是人们的社会心理和社会的意识形态，包括人们的价值观念、审美情趣、思维方式以及由此而产生的文学艺术作品。这是文化的核心，也是文化的精华部分。

有些人类学家将文化分为三个层次：高级文化（High culture），包括哲学、文学、艺术、宗教等；大众文化（Popular culture），指习俗、仪式以及包括衣食住行、人际关系各方面的生活方式；深层文化（Deep culture），主要指价值观的美丑定义，时间取向、生活节奏、解决问题的方式以及与性别、阶层、职业、亲属关系相关的个人角色。高级文化和大众文化均植根于深层文化，而深层文化的某一概念又以一种习俗或生活方式反映在大众文化中，以一种艺术形式或文学主题反映在高级文化中。

广义的文化包括四个层次：一是物态文化层，由物化的知识力量构成，它是人的物质生产活动及其产品的总和，是可感知的、具有物质实体的文化事物。二是制度文化层，由人类在社会实践中建立的各种社会规范构成。包括社会经济制度婚姻制度、家族制度、政治法律制度、家族、民族、国家、经济、政治、宗教社团、教育、科技、艺术组织等。三是行为文化层，以民风民俗形态出现，见之于日常起居动作之中，具有鲜明的民族、地域特色。四是心态文化层，由人类社会实践和意识活动中经过长期孕育而形成的价值观念、审美情趣、思维方式等构成，是文化的核心部分。

心态文化层可细分为社会心理和社会意识形态两个层次。

三、文化的研究

（一）考证

据专家考证，"文化"是中国语言系统中古已有之的词汇。"文"的本义，指各色交错的纹理。《易·系辞下》载："物相杂，故曰文。"《礼记·乐记》称："五色成文而不乱。"《说文解字》称："文，错画也，象交叉"均指此义。在此基础上，"文"又有若干引申义。其一，为包括语言文字内的各种象征符号，进而具体化为文物典籍、礼乐制度。《尚书·序》所载伏曦画八卦，造书契，"由是文籍生焉"，《论语·子罕》所载孔子说"文王既没，文不在兹乎"，是其实例。其二，由伦理之说导出彩画、装饰、人为修养之义，与"质""实"对称，所以《尚书·舜典》疏曰"经纬天地曰文"，《论语·雍也》称"质胜文则野，文胜质则史，文质彬彬，然后君子"。其三，在前两层意义之上，更导出美、善、德行之义，这便是《礼记·乐记》所谓"礼减而进，以进为文"，郑玄注"文犹美也，善也"，《尚书·大禹谟》所谓"文命敷于四海，祗承于帝"。

"化"，本义为改易、生成、造化，如《庄子·逍遥游》："化而为鸟，其名曰鹏"。《易·系辞下》："男女构精，万物化生"。《黄帝内经·素问》："化不可代，时不可违"。《礼记·中庸》："可以赞天地之化育"等等。归纳以上诸说，"化"指事物形态或性质的改变，同时"化"又引申为教行迁善之义。

"文"与"化"并联使用，较早见之于战国末年儒生编辑的《周易》："观乎天文，以察时变；观乎人文，以化成天下。"意思是：通过观察天象，来了解时序的变化；通过观察人类社会的各种现象，用教育感化的手段来治理天下。这段话里的"文"，即从纹理之义演化而来。日月往来交错文饰于天，即"天文"，亦即天道自然规律。同样，"人文"，指人伦社会规律，即社会生活中人与人之间纵横交织的关系，如君臣、父子、夫妇、兄弟、朋友，构成复杂网络，具有纹理表象。这段话说，治国者须观察天文，以明了时序之变化，又须观察人文，使天下之人均能遵从文明礼仪，行为止其所当止。在这里，

"人文"与"化成天下"紧密联系，"以文教化"的思想已十分明确。

西汉刘向将"文"与"化"二字联为一词，在《说苑·指武》中写道："圣人之治天下也，先文德而后武力。凡武之兴，为不服也。文化不改，然后加诛。""文化内辑，武功外悠"（《文选·补之诗》）。这里的"文化"，或与天造地设的自然对举，或与无教化的"质朴""野蛮"对举。因此，在汉语系统中，"文化"的本义就是"以文教化"，它表示对人的性情的陶冶，品德的教养，本属精神领域之范畴。随着时间的流变和空间的差异，"文化"逐渐成为一个内涵丰富、外延宽广的多维概念，成为众多学科探究、阐发、争鸣的对象。

（二）文化的作用

人类由于共同生活的需要才创造出文化，文化在它所涵盖的范围内和不同的层面发挥着主要的功能和作用。

1. 整合。文化的整合功能是指它对于协调群体成员的行动所发挥的作用，就像蚂蚁过江。社会群体中不同的成员都是独特的行动者，他们基于自己的需要、根据对情景的判断和理解采取行动。文化是他们之间沟通的中介，如果他们能够共享文化，那么他们就能够有效地沟通，消除隔阂，促成合作。

2. 导向。文化的导向功能是指文化可以为人们的行动提供方向和可供选择的方式。通过共享文化，行动者可以知道自己的何种行为在对方看来是适宜的、可以引起积极回应的，并倾向于选择有效的行动，这就是文化对行为的导向作用。

3. 维持秩序。文化是人们以往共同生活经验的积累，是人们通过比较和选择认为是合理并被普遍接受的东西。某种文化的形成和确立，就意味着某种价值观和行为规范的被认可和被遵从，这也意味着某种秩序的形成。而且只要这种文化在起作用，那么由这种文化所确立的社会秩序就会被维持下去，这就是文化维持社会秩序的功能。

4. 传续。从世代的角度看，如果文化能向新的世代流传，即下一代也认同、共享上一代的文化，那么，文化就有了传续功能。

了解中国文化的必要性。中国文化是中华民族在长期历史发展中的伟大创造物，是整个民族智慧和创造力的结晶。数千年来，它不但在中国历史上大放光彩，惠及历代炎黄子孙，而且在汉代开辟的"丝绸之路"以后，影响了西方世界的历史与文化。在国际社会中，它的传播更加迅速，影响也更加广泛。

第三节 新媒体文化的产生与发展

一、新媒体文化产生和发展的因素

（一）科学发展是直接动力

新媒体作为一种传播媒介，基于数字化技术的不断更新和发展，新媒体文化传播更加多样化、信息化。任何一种文化都是与当时的技术水平和经济发展相辅相成的，如果没有数字化技术的革新和卫星网路通信水平的发展，就没有当今信息化时代的网络全球化，新媒体文化也难以迅速传播，成为一种产业性新兴文化。

在 20 世纪 60 年代，加拿大著名传播学家马歇尔·麦克卢汉最早提出的"地球村"这一对于媒介作用的著名的预言，到了 21 世纪，随着数字网络技术改变着媒体信息的传播方式，在我们现在生活中已经变成了不争的现实。数字网络技术使人们之间的人际交流被无限扩大化，改变了人们传统的联系方式和活动的规模。同时，数字化网络技术，本身就具备了兼容性、开放性、共享性强的特点，为新媒体技术的不断进步提供了优良的发展环境。印刷技术的发展以及人们所依赖的交通工具的不断更替，打破了地球上人们长时间所形成的"部落化"格局，人与人之间开始由最原始的口语化的直接交往和小范围的交流的方式向非直接、更加文字化的方式转变，人类社会开始以相对"集权"的"都市化"代替"部落化"，个人的独立发展趋势更为明显。但是由于科技的进步，人类所发明的电视、广播以及其他的电子媒介的呈现，人们之间的距离被迅速缩短，使人们又恢复了个人面对个人的交流方式，人类社会又开始进入了一个"部落化"的"地球村"时代。这就是麦克卢汉所提出的"部落化—非部落化—重新部落化"的历史进程。在这个时代，数字网络技术把大量的媒体信息传播到我们的生活和工作之中去，改变了我们身边传统媒体文化所呈现的形式，形成了这种新兴的新媒体文化形式。

（二）社会经济发展是潜在动力

马克思曾在《〈政治经济学批判〉序言》之中提出过："随着经济基础的变更，全部庞大的上层建筑也或慢或快地发生变革。"认为社会经济的发展变化必然决定社会文化的发展趋势。我国改革开放 40 年来，经济发展水平与增长速度让世人震惊，人们的生活质量有了很大的改善，势必对于精神文化的需求和在文化产品的消费也日益增加。手机消费人数已突破 13 亿人，新媒体文化相关产品的消费人群，特别是年轻人群不断扩大。在一些权威部门最近在对于阅读情况的统计中，传统出版产品的阅读人群数量每年以大约 12% 的比例减少，然后对于新媒体相关的出版产品的阅读人群数量以大约 30% 的比例增加。其中，年轻人群仍然是新媒体相关的出版产品的主流消费力量。新媒体使人们渐渐改变了传统的阅读习惯，用于读书、看报的时间往往大部分转移到了网络新媒体上面。这些都可以说明，新媒体已经社会中被人们所认同甚至依赖，新媒体文化已经是人们工作和生活中并不可少的一部分。

（三）社会心理需求是原始动力

20 世纪 50 年代末，卡茨在《大众传播调查和通俗文化研究》中首度提到"使用与满足"的概念，它从受众因为心理需求和心理动机而开始对大众传播产生渴望的角度去探讨，分别利用了心理学以及社会学的相关理论知识，为人们使用媒介以得到满足的行为提供了详细的解释，并且提出了受众接受媒介的心理动机和社会因素。认为人们可以受到媒体的影响，通过媒体的帮助去完成一些任务，并且获得自我认同感。通过媒体来重新了解自己，加强人与人之间的联系，通过媒体来实现相互的沟通和交流。最后，人们常常通过媒体来获得娱乐信息，利用媒体这一渠道使自己的感情得到发泄。新媒体的出现，使人们很大程度上满足了这类最原始的心理需求。随着社会文明的不断进步，人们的自身的文化素质越来越高对于各种新鲜事物的接受能力有所增强。特别是年轻的群体，对于新媒体文化自然也就乐意接受。在享受新媒体文化所带来的不同体验的同时，受到从众心理的影响，引发了越来越多的人加入到其中，使新媒体文化渐渐成为社会主流文化之一。新媒体就自然成了人们之间的交流信息平台，这样就让人与人之间的信息交流更加便捷，交流的范围不断扩大。生活在快节奏的现代社会中的人们，心理压力大，情感的抒发渠道少。新媒体所承载的交流平台很好地使人们及时互相交流，释放压力，接收娱乐信息，调节心情。可以说，新媒体在当今社会，经常担当的是"解压平台"，最大化地满足了人们最原始的心理需求。

二、新媒体文化产生的原因

（一）新媒体文化产生的直接动因

新媒体文化是与科技进步和经济发展分不开的。没有数字平台的普及与卫星通信技术的发展就没有网络的普及与短信功能的开发，自然也就没有新媒体文化的流行。它是新媒体文化流行的基础，是网络、手机产生的直接动因。携带的便捷、收发的及时高效，以及遍布全球的通信网络都是技术带给即时通讯的独特优势。具体而言，"电信瞬息传输万里的特性，不会使人类大家庭扩大，而是使其卷入村落生活的凝聚状态。"电信技术构成了地球村，使人际交流无限放大，从而改变了人们生活的空间结构和文化框架。可以说，技术重构了人们交流平台和生活方式，使这种文化流行成为不可避免的现象。

（二）新媒体文化产生的内在动因

当技术使新媒体成为一种不可避免的文化现象的时候，影响新媒体普及的至关重要的因素就是资费。近年来，中国移动通信市场保持快速稳定的增长。根据工业和信息化部的统计，截至 2017 年上半年，我国电话用户数大约仅有 15 万户；我国网民规模已达 7.31 亿。截至 2017 年 2 月底，国内手机用户数量已超过 11 亿。也就是意味着平均每两个人中至少有一人拥有 1 部移动电话。为了让信息技术与服务惠及亿万农民群众，落实 2010 年基本实现全国"村村通电话，乡乡能上网"目标，政府主管部门和电信运营企业正在积极推进自然村通电话和行政村通宽带工程。城市化进程为更多大众接触互联网创造了条件。

随着收入水平的提高，行业竞争的加剧和国家相关部门监管力度的加强，以及资费的不断下调，新媒体用户越来越多。运营商将低廉的资费作为推广的卖点。便宜与群发技术的结合，构成了新媒体的"多快好省"的运营特征，也形成了新媒体文化产生的内在动因。

（三）新媒体文化产生的资源动因

中国传统文化主张为人低调、行为谦虚、表达含蓄，不喜欢张扬。使用短消息是一种相对礼貌的沟通方式，直接而不直面，个性而不失幽默，符合中国人含蓄、低调、内敛的传统气质，也能够给对方足够的时空。比如，通过手机短信可以委婉地说出一些在公开场合或者口头上很难直接表达的内容，或者道歉，则更能让人接受。这样既显得善解人意，又能够尊重对方的意愿，而不至于出现面对面交流的尴尬。此外，汉字属于象形文字，含义丰富，表达灵活独特，不需要特定的语境，交流双方极容易理解；行文紧凑，与短信所要求的短小精悍、达意会心的特点契合一致，比起西方字母文字更易传情达意。这些独特的文化资源，都是新媒体文化产生的资源动因。

（四）新媒体文化产生的先天动因

"使用和满足"理论是布拉姆勒在1979年针对大众传播行为提出的，主要探讨"受众社会及心理的需求源头，引发他们对大众传媒和其他来源的期盼，导致不同形态的媒体使用或其他活动，以致获得需求的满足和其他意料之外的结果"这个动态过程。它把受众对媒体的需求分为四个大类别：守望环境，即认为媒体可以影响人，或者帮助人完成某些事情；获得个人认同，通过媒体了解自我，探查真实情况，并获得自我价值观的加强或再确定；发展人际关系，即以媒体为伴，使用讯息获得人与人之间的沟通；获得娱乐消遣，把媒体作为感情发泄渠道，或是逃避日常生活和问题的避风港。这个理论也同样适应于人际传播，新媒体的适时出现，正是在很大程度上满足了人们先天迫切的心理需要。

同时由于社会的不断发展，文化素质的不断提高，人们对于生活水平的要求也越来越高，需求扩大，更容易接受和尝试各种新鲜事物。这以青少年群体为代表，而新媒介自然成为他们追随的风尚。同时，这种时尚也会造成一种从众压力，新媒介文化的时尚化，自然就引来了更多人的涌入，形成新媒介在社会生活中的主流地位。其主流地位也促成了社会个体间交流平台的形成。信息社会中，人与人之间发自内心的交流被频繁的信息交流所取代，新媒介的出现，让我们有了便捷的交流机会，使人们的沟通更加密切，交流圈子日益扩大。众所周知，日趋成熟的市场机制正在转化为快捷的生活节奏和残酷的竞争机制，人逐渐被异化为社会附属物。互动交流正好调剂了大众的心理压力，释放个性，增添乐趣。可以说，新媒介文化体系在帮助人们摆脱孤独、释放欲望、复制快乐的过程中，构成一种解压机制，迎合了人们的先天的心理欲求。

第四节　新媒体文化的特征

一、新媒体文化的特征

（一）广泛的大众参与性

现在，高校新媒体文化已不再是大学内部的文化，而是已经逐步演变成对社会有个泛作用的文化。新媒体文化以其专业文化的特殊性，融进了社会的诸多层面。以前，大学文化的开展只存于校园内部的诸多层面。随着新媒体文化的发展，大大扩大了高校文化的活动空间。校园活动从原先仅在校园内部举行扩散至与其他高校和社会进行文化交流，大大扩大了新媒体文化社会传播的范围。新媒体文化的发展在高校权威的学术专业的氛围中更是铆足劲头，也使其专业度不被社会所诟病。高校新媒体文化融入社会是通过其引发社会变革体现的。从近年来大学生在各论坛中积极参与问题讨论这一现象可看出，青年学生对新媒体文化有着高昂的热情和社会参与，这一切归功于新媒体传播媒介的普及、形式的多样、传播范围的广泛和学生心理上对其的认同。

（二）思维品质的包涵性

高校新媒体文化有完整的培养大学生包涵品质的系统，且包涵性是新媒体文化的灵魂。其一，新媒体文化第二主体传播理念的更新促进了包涵。以前的媒体被时空禁锢，但随着数字信息技术和通信技术的发展，产生了开明和自由平等的新媒体。这让新媒体文化脱离校园，走进社会，与此同时社会文化也走进高校。另外，大学生是青年人群中的主体且这个群体天生具有批判性思维。当与青年人性格和谐的新媒体文化形式出现时，就会自动形成组织，而他们的社会批判性思维在这里相互摩擦和交汇。这一切都促进着不同文化理念的同构，推动着新媒体文化的繁荣，迫使新媒体文化成为发展青年包涵品质的文化川。

（三）文化创建的自律性

群众的自我创建和革新过程是相统一的，这建立在文化自律的基础上。一方面，大学生对自主性文化的态度影响着新媒体文化自律性的进程。而新媒体文化在高校的广泛应用正好说明了大学生对自主新文化的弯定。另一方面，这种自律性源于大学生对文化创新的领悟。当代大学生借助新媒体以个人为中心形成网状式的具有民主创新等文化特点的传播结构，让大学生得以彰显个性、发挥潜能，最终创造性地发展了新媒体文化。

二、新媒体文化的特点

（一）新媒体文化具有强烈的草根性价值取向

"草根性"指新媒体文化的参与者具有平民性，其文化作品张扬平民价值取向。与新媒体文化相比，传统文化基本上属于精英文化，肩负传播重任的是官员、学者等社会精英，传播对象是受教育程度或文化素质较高的少数人群，传播内容是精英们和权势者的审美趣味、价值判断及社会责任，常常被赋予道义、理想和使命，是统治阶级"开启民智"的工具。而新媒体文化则以后现代主义的解构理念，颠覆了这一结构。它排斥所谓的权威和中心，表现出强烈的反叛性和戏谑性。无论是网络还是手机，其技术舞台上活跃着的虽然也有精英，但更多的是平民百姓。"新媒体技术为草根阶层搭建了话语表达的平台，建构了自由民主的舆论氛围，从而使平民文化、'草根'文化成为主流"。以网络为例，新媒体文化的草根性特征尤为突出。在网络空间中，谁都可以自由参与作品的创作和构建，现实社会中的地位、权力、伦理差别在网络中被屏蔽掉了，信息传播不再顾忌。这样，底层民众在现实社会和传统媒体上难以表达的物质诉求、精神诉求找到了释放空间。当它们在网络上汇聚起来的时候，便足以形成与精英文化抗衡甚至压倒对方的强大力量，最终决定了新媒体文化的草根性底色。

（二）新媒体文化具有张扬感性的精神特征

具有理性是人类区别于动物的一个重要特征，人类所创造的文化是以理性来引领的。然而，进入21世纪，人类已步入后工业化社会。"后工业化社会中，传统价值体系开始崩溃，人们将逐步抛却理性而趋向感性"，这便是后现代主义的崛起。后现代主义的勃兴是传统的生产型社会向消费型社会过渡的结果。在消费型社会，人们制作和品赏文化产品的目的不在理性的道德追求和真理追求，而在其强烈的感官作用。后现代主义喜好以解构的方式颠覆传统和主流价值观念，崇尚感性，蔑视理性；而新媒体文化生逢其时，高扬"感性"是其重要特征之一。新媒体中的言语文化所用语词符号极力突出形象色彩，充分调动人们的各种感官作用；其信息内容尽量融进娱乐元素，使人们充分地兴奋起来，最终获得全民狂欢的情绪体验。在感性的围观中，网民们获得了人性化的、个性化的生命体验，释放了压抑、失衡的心理情绪；最后在被围观的事件、人物归于沉寂时，获得理性的深度思考。可以说，张扬感性是后现代语境下新媒体文化的一个显著精神特征。

（三）新媒体文化具有互动性的传播特点

在传统媒体时代，信息是单向传递，发送主体和接受主体泾渭分明，发送过程与接收过程基本上互不联系。新媒体时代，信息是互动传播。信息接收者完全可以以发送者身份对信息做出反馈，使原信息发送者又成为信息接收者。信息影响力如何，不在于其内容，而在于别人是否跟从。网页上的新闻若没人评论，帖子若没人支持，微博若没人转发，其价值就几乎为零。新媒体时代出现的那些所谓"博客之王""博客皇后"，无非是因为其拥有庞大的信息跟从者，而不是因为其宣示的内容。正因为新媒体文化传播的互动性，一缕纤细的信息力量才会被以几何级数放大，并使原始信息从不同侧而衍生出新话题，最后形成的信息力量是信息发送者始料未及的。

第五节　新媒体文化的作用与建构

一、新媒体文化的引导

（一）三个方面

任何文化的创造、传播与消费都是人的一种自觉行为，因而是可引导的。文化的引导首先必须坚持正确的原则。当今世界，任何一个国家的文化从整体上看，不可能超越政权性质、意识形态性质以及民族传统和民族特色。就新媒体文化而言，它无疑属于中国特色社会主义建设事业中的一项重要工程。因为其所具有的意识形态属性，其发展方向应该是坚持社会主义道路，其领导权应属于中国共产党。从价值取向看，社会主义核心价值体系当为不二选择。党的十七届六中全会公报指出："社会主义核心价值体系是兴国之魂，是社会主义先进文化的精髓，决定着中国特色社会主义发展方向"只有明确了新媒体文化的发展方向、领导主体、价值取向，我们才能弘扬真善美，抵制假恶丑。其次，必须制定合理的措施，将引导工作落到实处。

其一，要以疏为主，疏堵结合。"疏"，一是要让人民群众有充分表达意愿的权利，有申诉委屈的自由，并且能得到政府有关方面的受理和回应；二是要照顾和满足不同人群的文化消费需求，营造出"百花齐放、百家争鸣"的氛围，体现包容性。"堵"，就是要通过一定的网络技术手段和惩戒性措施屏蔽混淆视听的虚假信息，坚决抵制灌输拜金主义、享乐主义、颓废主义等消解社会主义核心价值观的文化产品。其二，要区别对待，体现层次性。专业的媒体工作者、文化精英和政府官员在文化建设中拥有更多的话语权，其所承担的社会责任应更大。因此，其言语行为不仅要遵守语言规则，更要在内容方面高度符合社会主义核心价值取向。至于普通大众，则至少应守住社会主义意识形态的基准和社会主义核心价值底线。其三，要使用激励策略。新媒体文化的参与者主要集中于年轻人群。

（二）中国互联网信息中心调查

截至 2011 年 12 月底，中国网民已达 5.13 亿，其中 40 岁以下网民接近80%，他们同时也是使用手机的主要人群。年轻人精力充沛，竞争欲望强烈，对竞赛性活动最感兴趣。因此可以通过各种新媒体形式的信息制作比赛，调动青年人参与新媒体文化生产的积极性。如由搜狐网、新浪网、中央人民广播电台、中央电视台等国内知名媒体发起的"原创新春祝福短信大赛"已连续举办六届；2011 年，搜狐网、中国网络传播学会、南京大学等单位联手成功举办了首届高校微博大赛；2012 年春节前夕，全国类似的比赛在种类和数量上都超过去年。通过竞赛，新媒体文化参与者的主人翁感得到强化，其文化审美能力也获得提升。这将大大改善新媒体文化的生态现状。

总之，新媒体文化作为新生事物，具有不同于传统媒体文化的形态特征和功能表现。我们应重视新媒体文化在人民生活、政治监督、社会治理方面无法替代的作用，同时也不能回避其缺陷和负面影响。如何用社会主义核心价值观有效引导新媒体文化的发展方向，这应该是我们常抓不懈的重要工作。

二、新媒体文化的作用

（一）正面作用

新媒体文化以其特有的价值观念和意义体系对社会的运作产生巨大影响。

1. 文化民生作用

新媒体文化所赖以存在的技术条件使普通大众拥有自由参与文化产品制作和消费的平台。人们既可以按自己的审美情趣去享用文化产品，并按自己的主张进行评价；也可以制作和传播文化产品，让别人成为自己的读者和观众。在此过程中，人们享有高度的自由性和自主性。新媒体文化中的海量信息不仅是人们取之不尽、用之不竭的娱乐资源，也是提升文化素质、培养专业技能、增强生存智慧的知识宝库。那些看似碎片化的、五花八门的文化信息，虽然其中可能夹杂不健康的、不真实的内容，但只要具有常识素养和基本道德素质，人们是可以鉴别的。新媒体文化价值取向的多元性、复杂性反而使人们的鉴赏力、甄别力在比较中得到了锻炼和提高。可以说，新媒体文化以其多种文化形态，如网络文化、手机文化等，改变着文化的生产和消费模式，也不断提升着文化民生的质量。

2. 政治民生作用

政治民生是一个国家民众享受民主，行使监督权、决策权的状况。新媒体文化对政治民生也会有很大的改善作用。在新媒体文化当中，文化信息的生产者已由精英扩大到普通民众。由于信息发布、反馈和政治意志表达的渠道更加畅通，所以几乎人人都可以成为信息的发布者和传播者，从而使信息渠道多源性、意志表达复杂性、利益诉求对抗性的问题无法回避。同时，社会管理、监督过程也更加透明，个人或部门执掌的权力很难取得一手遮天的效果。往往是通过网络、手机等新媒体首先发布，最后真相大白于大下。因此，新媒体使社会公共领域更加拓展，公共领域发生的任何事件都可能成为国人关注的焦点、热点。新媒体文化在社会管理、社会监督、热点事件处理等方面的重要作用由此可见一斑。

（二）负面作用

从主流看，新媒体文化的精神是昂扬向上的，但负面作用仍有多方面的表现。

1. 新媒体文化中存在的颓废价值取向降低了社会主义意识形态及核心价值体系的影响力

新媒体文化的草根性决定了其价值取向与社会主义核心价值体系不能完全吻合。基于草根性，新媒体文化当中便不可避免地出现了一些不稳定、不成型的价值态度，长久以来，扎根于民众精神坐标系中心位置的那些历史英雄、楷模榜样、高尚道德以及崇高理想被尽情嘲弄、颠覆；新媒体文化中盛行的实用至上、消费至上、享乐至上等颓废价值观使人们对社会主义核心价值体系的认同度降低，使社会主义意识形态的影响力减弱。这一切尤其使部分年轻人的理想追求有所迷失。

2. 新媒体文化张扬感性的特质在一定程度上弱化了人的理性

新媒体文化注重信息内容的形象化包装，尽量让人们从形象感知切入，达到信息的掌握。"形象化倾向诱导人们用'看'去了解世界，而排斥'想'。人们通过点击方式来阅读那些以碎片化形式呈现出来的文化产品时，犹如吃快餐，很少进行细细的品味，缺少了对问题的反思过程，长久发展只会弱化人的思维能力，导致理智的部分丧失。

3. 新媒体文化在语言运用方面出现的非规范性损害了汉语的纯洁性和权威性

"语言不仅是思想交流的工具，还是特定文化的载体，是国家主权、民族尊严的象征"。新媒体文化中出现的偏离汉语使用规则的现象在 BBS、网络聊天、手机短信中表现得更为突出。那些大行其道的"网络语言"一味追求新奇和出位，超越汉语语言符号系统，滥用英语词语、数字谐音词语及非文字性符号，在语义上增加解码难度。结果不利于信息的传播客观上也影响了汉语的国际形象。

三、新媒体文化建构的意义

（一）文化意义

大众媒体本身就是作为一种文化现象而存在的，是文化发展的产物也是传播的载体。英国的尼克·史蒂文森在谈到大众媒体与文化的关系时曾这样说："许多现代文化是依凭大众传播媒体来传达的。各种各样的媒体传播着古典的歌剧、音乐、关于政客私生活的庸俗故事、好莱坞最新近的流言蜚语以及来自全球四面八方的新闻。这已深刻地改变了现象学意义上的现代生活经验，以及社会权力的网络系统。"因此，我们在研究当代文化的同时，一定要关照大众媒体本身，从大众媒体自身传播特征的转变，及对当代文化的重要影响做出深刻分析。新媒体的发展，不仅对大众文化的发展带来了新的特点和气象，甚至可以说为大众开拓了一块极具诱惑力的虚拟空间，并因此催生了许多新的大众文化形态，给大众文化注入了新的内涵。

（二）政治意义

媒体的政治意义突出体现在其工具性、引导性方面，这是媒体文化的规律性使然。在今天，新闻传播已渗透到人类社会的方方面面，成为政治斗争的前沿阵地、监督社会的有益镜鉴、引导舆论的文化先锋。随着网络等新媒体的普及，信息来源多样化，国际间的意识形态斗争将更加隐蔽，更加激烈。我们应该利用新媒体的传播特点和优势，促进政治信息公开透明，塑造良好的国家政治形象，增强国家的国际政治博弈能力。从一国的政治发展来说，新媒体所具有的传播信息、影响舆论、设置议程和监督政府等政治功能的发挥将极大地促进我国政治民主化的进程。

（三）经济意义

新媒体文化的经济意义，更多是从消费主义去考虑的，一是反映在媒体在推进人们生活消费方面，二是媒体自身也已经成了一个被大众消费的商品。大众媒体一方面通过大量对生活类商品的报道，打造流行、引导消费；另一方面通过媒体节目，特别是电视的大量娱乐性节目，为受众提供充分的消遣功能。

以这样两个途径为主要载体内容，媒体、文化受众为一体，导致当下我国社会消费文化的急剧扩张，媒体在其中不仅成了消费主义的推行者、引导者，更是实践者。媒体文化在某种意义上是消费文化的同义语，是为消费行为寻找意义和依据的文化，是刺激消费欲望或制造消费欲望的文化。默多克在展望中国时，都不无溢美地指出，中国已经具有成为一个新的全球性媒体和娱乐中心的潜能，而这种潜能带来的是一个巨大经济利益的市场。我们在为新媒体文化的发展带来的经济效益欢欣鼓舞的时候，也应对媒体保持适度的警惕和批判。

（四）民本意义

媒体文化的民本意义，更多是从建立一个公共舆论平台，提供一个公共话语空间去考虑的。社会学家哈贝马斯所提出的"公共领域"概念本质上是一个对话性的概念，其本质就是为人们提供自由、公共的话语交流的互动平台，即公共话语空间。在传统媒体中，公共领域的声音基本处于失语状态，传统媒体的话语权主要掌握在媒介资源的控制者手中。这与社会公共领域所崇尚的平等参与、自由讨论的理想状态有着难以逾越的现实差距。然而网络论坛、手机短信等新兴电子媒体的出现无疑为公众舆论提供了新的拓展平台，它使普通民众包括弱势群体、边缘群体也拥有了某种话语权。从"孙志刚案"到"黄静案"，从"华南虎照"到"天价烟"，这些典型的网络事件让我们看到了新媒体对社会的巨大推动作用。尽管人们对于公共领域所具有的理性、批判与共识等特征是否在新媒体领域得到体现还存在异议，但不可否认的是，新媒体的开放性、平等性和公共利益方面的统一优势为公共领域的建构提供了一个很好的途径。

第二章　思想政治教育概述

作为一种政治社会实践，思想政治教育是在一定的理论指导下进行的，同时，作为一种理论体系，它又是由一系列的理论所构成。认识与实践的关系、社会存在与社会意识的关系，要求理论不断地与实践相结合，并且随着实践的发展而不断完善，这就成为思想政治教育理论创新的基本依据和要求。

第一节　高校思想政治教育的概念及发展

一、思想政治教育理论创新的概念

所谓理论创新是指人们在社会实践活动中，对出现的新情况、新问题，做新的理性分析和理性的解答，对认识对象或实践对象的本质、规律和发展变化的趋势作新的揭示和预见，对人类历史经验和现实经验作新的理性升华。简单地说，就是对原有理论体系或框架的新突破，对原有理论和方法的新修正新发展，以及对理论禁区和未知领域的新探索。

马克思曾经说过，每个时代总有属于它自己的问题，准确地把握并解决这些问题，就会把理论、思想，把人类社会大大地向前推进一步，指的就是理论创新。江泽民同志指出："创新是一个民族的灵魂，是一个国家兴旺发达的不竭动力，也是一个政党永葆生机的源泉。""现在，面对国际国内的新情况、新问题，我们必须继续坚持马列主义、毛泽东思想、邓小平理论为指导，坚持党的一切从实际出发、解放思想、实事求是的思想路线，紧跟时代发展的潮流，不断研究新情况，解决新问题，形成新认识，开辟新境界。"这里的"新情况""新问题"就是马克思所说的"时代的问题"，而"新认识""新境界"指的是理论探索和理论创新。

二、理论创新的发展

(一) 原发性理论创新

是指新原理、新理论体系或新学派的架构与形成，比如，牛顿力学原理、弗洛伊德的精神分析学说等都是前人所没有的，是在深刻把握事物发展规律及人的思维规律，并在广泛社会实践基础上提出并建立的理论和体系。

(二) 阐释性理论创新

是指依据社会实践的需要，清除旁人附加给原有理论的错误解释，对其思想资料和原理进行梳理归纳，恢复理论本来的面目。比如，我们在学习、研究马克思主义的过程中，曾经产生过一些错误的认识，并把这种错误的认识当作马克思主义来坚持和宣传，从而造成一定程度上的思想混乱，在新的历史条件下，我们必须通过对马克思主义的再认识，剔除这些附加于马克思主义的东西，正本清源。

(三) 修正性理论创新

是指在肯定和继承原有理论的基础上，根据实践的需要，对原有的理论体系和原理，做出新的补充和修改，做出新的论证和发挥。这里面有正确的创新，比如列宁、毛泽东和邓小平对马克思主义的创新和发展，也有错误的创新，比如有些西方马克思主义的观点。

(四) 发掘性理论创新

是指前人已经提出的某些理论，由于各种原因，被遗忘了、掩埋了、淡化了，根据时代的需要，把它重新凸现出来，使其重放光芒。比如实践是检验真理的标准，本来是马克思主义哲学的一个基本命题，但是，关于这一问题的讨论却在1978年的中国产生了巨大政治效应。正是因为这一哲学命题所包含的解放思想、实事求是的思想内涵，适应了当时拨乱反正的时代潮流，为中国社会主义现代化建设这一伟大的实践排除了思想束缚。

(五) 方法性理论创新

是指从社会科学研究方法和学科体系角度，用新的原则、新的模式或新的视野，对社会实践问题做出新的解释，实现社会科学研究方法、思想的更新。比如，信息论、系统论、控制论等。

第二节 高校思想政治教育的特点

思想政治教育理论创新，是指在思想政治教育实践活动中，对不断出现的新情况新问题做出新的理性分析和理论解答，对思想政治教育主客体及其实践活动过程的本质、规律和发展变化的趋势作新的揭示和预见，对以往思想政治教育实践经验和现实实践经验作新的理性升华。它包括思想政治教育教育思想的创新、思想政治教育实践方式的创新、思想政治教育运行机制的创新、思想政治教育内容体系的创新和思想政治教育主客体认知的创新等多个方面。作为理论创新，思想政治教育理论创新具有政治属性、人本属性和现实属性的特点。

一、政治属性

即思想政治教育理论创新具有强烈的政治含意。自人类进入阶级社会以来，为了取得和维护政权，每个政治集团都从本阶级集团利益的需要出发，想方设法对特定的对象实施思想政治教育活动。历代统治阶级都非常重视统治思想的灌输，都有占领思想阵地的政治教化设施、机构和人员，都强调教育活动的有效性。作为一种基本的社会控制方式，思想政治工作既是管理国家、实行政治统治的重要方略，也是意识形态控制的一般规律。对此，马克思、恩格斯早已作过经典性的论述，在每一个社会里，"统治阶级的思想在每一时代都是占统治地位的思想。这就是说，一个阶级是社会上占统治地位的物质力量，同时也是社会上占统治地位的精神力量"。"占统治地位的思想不过是占统治地位的物质关系在观念上的表现，不过是表现为思想的占统治地位的物质关系；因而，这就是那些使某一个阶级成为统治阶级的各种关系的表现，因而也就是这个阶级的统治的思想。"

中国共产党自诞生之日起，就非常重视思想政治教育工作及其创新。不过，与剥削阶级的思想统治有质的不同。在剥削阶级占统治地位的社会里，"每一个企图代替旧统治阶级的新阶级，就是为了达到自己的目的而不得不把自己的利益说成是全社会全体成员的共同利益，抽象地讲，就是赋予自己的思想以普遍性的形式，把它们描绘成唯一合理的、有普遍意义的思想"。中国共产党是全心全意为人民服务的党，其指导思想马克思主义、毛泽东思想和邓小平理论是人类社会发展至今最为科学的、"唯一合理的、有普遍意义的思想"，思想政治工作在本质上则是党的工作。无论是思想政治教育的本质，抑或马克思主义经典作家的深刻论述，都表明党的理论创新对思想政治工作的创新发展具有决定性、主导性意义。将党的理论创新成果与思想政治工作实践结合的过程，就是思想政治工作创新的过程，所以，江泽民指出，思想政治工作是一门科学。而科学的本质就在于创新，创新最根本的就是要解放思想、实事求是，就是要及时有效地把党的理论创新成果灌输到群众和部队中去，转化为群众和部队官兵的思想认识和自觉行动。执政党的思想政治工作是一门治党治国的学问，思想政治教育创新是对政党理论创新的运用。

二、人本属性

即思想政治教育理论创新是以指导和帮助人们实现全面自由发展为目的和归宿。"以人为本"的"本"有两层含义：一是本体论意义上的本位，即客观世界本位。另一个是价值观意义上的本位，即作为衡量标准的本位。同时，有一个参照系，即相对于什么而言的问题。如，就自然观而言应该是以"物"为本位。而在思想政治教育工作及其理论创新活动中"以人为本"是与"以物为本"相区别的。以人为本的基本内涵就是以满足人的生存和发展需要为目的。这是因为，人是世界上最高的存在；人是自然、社会、自身的主体；人是价值形态中的最高主体。

随着经济社会的快速发展，在实现社会现代化的同时，还必须同时注意实现人的现代化。因为，在我们强调新的实践，创造新的科学技术和生产方式、生活方式的时候，也产生了对于人的实践的两重性，一是人类能否控制住实践对象化后所造成的异己力量；二是科技发展对人的机遇和挑战。社会现代化，一方面为人的发展提供了基础、条件，另一方面，也带来了价值失落、人的片面化等一系列问题。社会现代化本身不能自动导致人的全面发展，必须通过思想政治教育及其理论的创新，以人的自由全面发展为目标，在适应社会现代化的同时，注意培养人的理性、品德、审美、情感、意志等等，而它们同样是人的发展所必须具备的品质和功能，而且，人的各种特性本来都是人的生存所需要的，不可缺少的，它们彼此之间本来就是互相依赖、互相制约的，最终实现全面的人性，即达到人性的真善美意的和谐统一。

三、时代属性

即思想政治教育理论创新要随着时代的变迁而创新，不能一劳永逸，而是要持续创新，不断完善。马克思主义思想政治教育理论和实践的历史，就是一部理论创新的历史。马克思思想政治教育学说是在马克思主义这一理论创新对剥削阶级思想政治教育的批判与超越中萌生的，列宁的思想政治教育理论是在将列宁主义这一布尔什维克的理论创新付诸俄国革命与建设的实践中形成的，毛泽东思想政治教育思想是将毛泽东思想这一革命时期我党的理论实事求是地运用于思想政治工作实践产生的，邓小平思想政治教育理论是在邓小平理论这一中国社会主义建设的创新理论实事求是地解决新时期政治工作面临的问题中形成的。邓小平新时期思想政治教育理论，与马列主义思想政治教育学说、毛泽东思想政治教育思想是一脉相承的统一的科学体系。它们逻辑地说明了世界无产阶级政党思想政治教育创新的发展轨迹。这说明，思想政治教育随着党在各个历史时期的具体任务和中心工作而展开运作和创新的，思想政治教育理论创新的发展，是时代性社会实践发展的必然要求和重要结果。

第三节 高校思想政治教育的内容

一、思想政治教育思想的创新

（一）思想政治教育的诞生

思想政治教育是使受教育者形成一定的政治观点、政治信仰和一定的世界观、人生观和价值观的教育活动。思想政治教育包括思想教育和政治教育，以及道德教育这些构成了社会意识形态宣传教育的主要内容。与其他教育相比，思想政治教育具有特殊性。但是，从本质上来看，它依然属于教育的范畴，是在一定教育思想的影响和指导下实施的。思想政治教育的教育思想来源于思想政治教育的实践，它又是在批判地继承和发扬前人思想政治教育思想资料的基础上，在对思想政治教育现状进行研究、总结、探讨和实践中实现的。

有了人类社会，也就有了人类思想，思想教育也就诞生了。原始社会的思想教育，主要通过风俗习惯来实施。进入阶级社会以后，思想教育发展成为思想教育、政治教育和道德教育。思想政治教育开始陆续成为统治阶级实行政治统治的工具。在西方，从中世纪开始，思想政治教育控制在教会手中，以宗教教义为核心形成其教育思想体系。资本主义兴起以来，在重视知识和技能教育的同时，均把思想政治教育列为教育不可缺少的一个组成部分，由此产生了以赫尔巴特的"主智说"、杜威的"主行说"和以科尔伯格为代表的"认知说"

等为代表的一系列思想政治教育思想学派，其中，以科尔伯格的"认知说"强调了思想认知在思想发展中的重要作用，具有较为广泛的影响。中国古代教育主张将思想政治道德教育同知识教育融为一体，形成了包括教育的目的是"修身、齐家、治国、平天下"、教育的方法主张自我修养、人才标准坚持"德才兼备"等具有明确功利主义色彩的思想政治教育思想体系。到了近代，在富民强国、实现民族伟大复兴成为中国社会长期的主题背景下，产生了康有为的"游学、西书"，梁启超的"新民教育"，蔡元培的"军国民教育"及陶行知的"教育救国论"等具有实用主义色彩的思想政治教育思想。李大钊关于新民主主义教育的主张和杨贤江对社会主义教育的论述标志着中国无产阶级思想政治教育思想的形成。中国共产党在社会主义革命和建设过程中逐步形成了以马克思主义为指导，以培养有理想、有道德、有文化、有纪律的，具有创新精神和实践能力的社会主义建设者和接班人的思想政治教育思想体系。

（二）思想政治教育及其教育思想的发展过程

思想政治教育及其教育思想的发展过程表明，教育思想决定着思想政治教育，有什么样的教育主张、目标、方针就有什么样的思想政治教育实践，教育实践又反过来影响教育思想的发展和演变。因此，我们探讨思想政治教育理论的创新，就应当先从教育思想的创新开始着手。另一方面，思想政治教育思想既来源于思想政治教育的实践，还要受制于当时的社会政治、经济状况、文化传统和历史条件，是社会历史的产物，具有鲜明的历史性、阶级性和继承性。实践证明，教育思想的正确与否，直接关系到思想政治教育的效果，关系到人才的培养，关系到社会的稳定和发展。新中国成立以来，从政治挂帅，到放弃思想政治教育；从思想政治教育的"左"右摇摆到"文革"与"六四风波"的教训，都表明了思想政治教育思想正确性的重要性。因此，在经济全球化蓬勃发展，改革开放进入关键时期，建设有中国特色社会主义，发展社会主义市场经济的今天，思想政治教育面对的形势十分复杂，任务也十分艰巨，摸索出一套崭新的、科学的、反映思想政治教育规律的思想政治教育体系是十分迫切的历史任务。

二、思想政治教育内容体系的创新

（一）思想政治教育具有强烈的实践性和时代性

依据社会实践的需要，要选择合适的内容来开展思想政治教育活动，以实现其政治目的是思想政治教育活动的一个显著特征。只有这样，才有可能实现思想政治教育的有效性和针对性。社会实践中出现了什么问题，党的主要工作发生了什么样的转变，人民群众的思想产生了哪些变化，需要对人民群众做什么样的解释说明，用什么样的理论来教育引导人民，这些都需要思想政治教育者认真思考，并且做出科学的回答。

（二）思想政治工作始终围绕党的目标任务

在党的八十年奋斗历程中，思想政治工作始终围绕党的目标任务，逐步形成了自身较为系统的教育内容体系，并在实践中不断充实、丰富和发展。随着改革开放事业的不断发展，改革开放四十多年来，我们积极发展和完善社会主义市场经济体制，进一步解放和发展了社会生产力。这场深刻的社会变革，既促进了人们思想的大解放，增强了人们的竞争意识、效率意识、民主法律意识和开拓创新意识，也由于社会经济成分、组织形式、物质利益、就业方式的日益多样化，人们思想活动的独立性、选择性、差异性、多变性明显增加，思想观念多样化，价值取向多元化，自由主义、分散主义、拜金主义、享乐主义、利己主义等比较明显地表现出来了。面对这些新情况、新特点，江泽民同志紧扣时代脉搏，提出了必须认真研究解决"如何认识社会主义发展的历史进程、如何认识资本主义发展的历史进程、如何认识我国社会主义改革实践过程对人们思想的影响、如何认识当今的国际环境和国际政治斗争带来的影响"的任务要求。正确解决这"四个如何认识"，就是对新形势下思想政治教育内容体系的创新，这又是一项艰巨的任务，它不仅需要有锐意进取的精神，抽象的概括思维能力，而且需要不断进行理论创新的勇气和方法。

三、思想政治教育实践方式的创新

（一）思想政治教育的实践方式

是实施思想政治教育的方法和途径。不言而喻，思想政治教育实践方式的创新就是对思想政治教育具体实施方式方法的创新和探索。方法是主体在认识世界和改造世界中所采用的方式和手段，是完成任务、实现预定目的的必不可少的手段。思想政治教育方式方法是思想政治教育各种思想方式和工作方法的总称，是为了达到既定目的，教育者、受教育者参与思想政治教育活动所采取的各种思想方法和工作方法的总称。思想政治教育的方式方法是实现教育目标、任务的重要手段和保证。方法问题既是科学，又是艺术。方法用得不当，就会使思想政治教育的收获甚微，甚至适得其反；方法得当，可以使教育内容较好地被人接受，取得理想的教育效果。

（二）思想政治教育的对象是人的思想

人的思想作为一种社会现象，它同任何事物一样也有其形成和发展的规律。要做好人的思想政治教育工作就必须掌握人的思想形成、发展和变化规律。因此，思想政治教育方法的任何体系都不是永恒不变的。尤其在今天，现有的思想政治教育方法所依存的政治、经济、文化等各种背景已发生了重大变化；同时，改革开放、科技发展和社会主义市场经济的建立，对人们的思想观念、价值观念、道德观念等都产生了深刻影响，这就必然对思想政治教育方法提出了变革要求。思想政治教育实践方式方法的创新比任何时候都更加迫切与重要，只有根据人们思想变化的实际，采取不同的方法，才能切实有效地做好人的思想政治教育工作。另一方面，在实施思想政治教育过程中，思想政治教育方法作为连接教育者和受教育者的中介，是教育者直接对受教育者施加影响并对受教育者的思想转化发生有效作用的手段，其重要性是不可忽视的，因此，我们务必认真研究思想政治教育在不同历史时期及思想政治教育的不同阶段对思想政治教育方法提出的要求，只有这样，才能使思想政治教育方法在教育者对受教育者施加影响并转化为他们的思想和自觉行动的过程中，发挥更大作用。那种认为教育者只要教育内容正确，可以不分对象、不看时机、不看场合的做法，是达不到最大限度地调动人们的积极性、创造性并服务于社会主义现代化建设目的的。可见，思想政治教育方法的探索和创新也是思想政治教育规律自身的要求。一方面，以计算机、多媒体、虚拟现实、激光技术为手段，可以达到超越时空，使大量生动事例逼真地展现在思想政治教育者与受教育者面前，收到声形并茂，情理交融之效。同时，还可以利用现代信息传播手段，通过心理咨询、热线服务等各种渠道和方式，进行覆盖面广、生动活泼、便于群众接受的思想政治教育。另一方面，在知识经济时代，必将出现因自然科学与社会科学相融合而产生的大量交叉学科、边缘学科，这就使得思想政治教育方法论能更多更好地吸收其他诸多学科的知识和方法，从而为思想政治教育方法的创新提供良好机遇。同时，知识经济时代的现代信息传播技术日新月异，将大大促进国际思想文化交流，从而使思想政治教育者的视野更加开阔，知识更加丰富，思维更为敏锐，这也为思想政治教育方式方法的创新提供了必不可少的条件。此外，随着社会的发展和思想政治教育的现代化，除了要对已有的思想政治教育方法进行研究之外，还要研究探讨思想政治教育新领域、新功能、新途径所需要的新方法。这些新方法的创造，既需要理论、知识方面的借鉴；更需要在实践中反复摸索、总结、提炼、升华。所以，江泽民同志提出，面对新时期、新情况，"思想政治工作在继承和发扬优良传统的基础上，必须在内容、形式、方法、手段、机制等方面努力进行创新和改进，特别要在增强时代感，加强针对性、实效性、主动性上下功夫。这要成为今后加强和改进思想政治工作的重点"。

第四节　高校思想政治教育的方法

一、坚持正确的政治方向与学术自由的统一

（一）思想政治教育理论创新要有学术自由

首先，思想政治教育理论创新需要自由的学术环境。创新是指人的生命主体在与其生存状态、生命历程和互动中所激发出的人的能动性、创造性思维和行为的总和。宽容的学术环境最有利于理论的创新，要想激发思想的创新灵感，撞出思维的创新火花，就必须使理论工作者有一个自由的天空任思想之鸟去翱翔。蔡元培先生大力提倡的"思想自由、兼容并包"是理论创新的最好氛围，因此，在思想政治教育理论创新过程中，要注意把学术与政治分离开来，对思想政治教育理论领域的不同学说、观点、见解的存在与争鸣持宽厚、宽容的态度，为理论创新创造良好的学术氛围。

其次，思想政治教育理论创新在争鸣中才能实现。自由的学术环境还包括争鸣自由，这是指允许多种理论观点进行自由的讨论、交流和交锋。全面的、既广且深、多角度、全方位展开激烈的思想观点的摩擦，才会激活理论工作者的思维，才能使新的理论在其中脱颖而出。思想的砥砺、理论的对话、思维的交锋，才有理论的创新。人云亦云，陈陈相因，只会窒息理论的生命。有比较才有鉴别，固有理论的僵死、与现实的脱离等在争鸣中让人们去怀疑、思考、诘问；新理论的意义、作用、可行性、科学性等需要在争鸣中通过交锋、碰撞，从而得到社会的认同。其得失、利弊也在各种角度、多个方面的讨论中得到辨析，同时也会引发进入创新的讨论氛围，从而明辨是非，扩大影响。当然，思想政治教育理论工作者在参与争鸣时也要注意科学、严谨的学风，注意健康求实的批评态度与共同遵守的学术规范。

第三，提供宽松的环境还包括以宽容的态度正确地对待创新成果。理论创新作为一种开拓性的精神活动，是对前人研究的一种超越，这种超越由于受各种因素的影响并不是一步到位的，而是渐进的。因此，从它诞生的那一刻起，

就与不成熟、不完善相伴而行。对这种研究不能过分地挑剔，要鼓励、倡导、保护这种研究，并着重从它可能产生的学术影响上对它做出前瞻性的理解。理论创新要破除对权威的崇拜。不可否认，权威在科学研究中起过很大作用，但反过来也会成为科研的一种阻力，这就像正确的认识在一定的条件下是真理，把这种真理加以夸大，成为固化的、不可逾越的思维范式，那就可能阻碍真理的进一步发展。

（二）思想政治教育理论创新要坚持马克思主义方向

首先，马克思主义为指导是思想政治教育理论创新的根本保证。江泽民同志指出："坚持马克思列宁主义、毛泽东思想的指导地位，是我们立党立国的根本，也是社会主义文化建设的根本"。毫无疑问，这也是社会科学理论创新的根本。针对一些人提出的所谓指导思想也要多元化的错误倾向，江泽民同志又语重心长地告诫："今后在社会科学理论方面，你可以有这样或那样的观点，但有一条是不能变的，是要统一的，就是都要用马克思主义的立场、观点、方法观察问题。"我国历时一百六十多年的反帝、反封建、反官僚资本主义的斗争历史，使中国人民义无反顾地选择了马列主义和社会主义制度。毛泽东思想是马列主义与中国无产阶级革命、社会主义革命和建设实践相结合的产物，邓小平理论则是我国业已取得巨大成就的改革开放伟大实践的智慧结晶。马克思列宁主义、毛泽东思想和邓小平理论既是其创立者所处时代的社会科学最高最新的成果，又是新世纪社会科学发展的指南。一百五十多年来，世界经济、社会、政治生活发生了巨大变化，但马克思主义的一些基本原则不仅没有过时，而且越来越被人类社会和中国改革开放的新实践证明了其客观真理性。运用马克思主义的立场、观点和方法，决不会妨碍而只会极大地有助于思想政治教育理论的探索和研究。当然，坚持马克思主义指导，决不等于把马克思主义教条化、绝对化。在研究工作中，决不能生搬硬套马克思主义的现成结论，而是要以马克思主义作为分析问题和解决问题的根本立场和方法，切实研究新情况，认真解决新问题，科学总结新经验，不断形成新认识，努力开辟新境界。

其次，马克思主义信仰是思想政治教育理论创新的精神动力。坚持马克思主义，必须首先信仰马克思主义，如果没有对马克思主义理想信念的坚定信仰，是不可能坚持马克思主义，更谈不上把马克思主义与具体实践结合起来进行理论创新的问题。如果说实践的变化发展是理论创新的客观基础的话，那么，对马克思主义的坚定信仰则是理论创新的精神支柱和精神动力。邓小平在新的历史时期，反复强调自己是个马克思主义者，一直遵循马克思主义的基本原则。他说："对马克思主义的信仰，是中国革命胜利的一种精神动力。""我们多年奋斗就是为了共产主义，我们的信念理想就是要搞共产主义。""我们过去几十年艰苦奋斗，就是靠用坚定的信念把人民团结起来，为人民自己的利益而奋斗。没有这样的信念，就没有凝聚力。没有这样的信念，就没有一切。""我们搞改革开放，把工作重心放在经济建设上，没有丢马克思，没有丢列宁，也没有丢毛泽东。老祖宗不能丢啊！"邓小平深知，不论是革命，还是建设，要取得成功，马列主义、毛泽东思想坚决不能丢，也丢不得，丢了，就会丧失根本。

第三，坚持马克思主义的根本立场、观点和方法是思想政治教育理论创新的要义。对马克思主义的信仰和坚信，并不是去死守马克思主义的"本本"和"条条"。死守"本本"，惟"书"是从，是行不通的。对马克思主义的信仰，对马克思主义的坚持，关键是要坚持用马克思主义的根本立场、观点和方法去分析新情况，解决新问题。江泽民同志指出："面对国际国内的新情况新问题，我们必须坚持以马列主义、毛泽东思想、邓小平理论为指导，坚持党的一切从实际出发、解放思想、实事求是的思想路线，紧跟时代发展的潮流，不断研究新情况，解决新问题，形成新认识，开辟新境界。"认真学习、深刻领会这个精辟论断，对提高面向新世纪进行思想政治教育理论创新的自觉性，具有重要意义。

二、坚持解放思想实事求是与发挥主观能动性的统一

(一) 思想政治教育理论创新的必然要求

首先，解放思想实事求是思想政治教育理论创新的本质要求。实事求是要求我们一切从实际出发，按照客观规律办事，做到主观与客观的统一。思想政治教育理论创新，就是要突破思想政治教育旧的、过时的思想、观念等主观主义、教条主义的束缚，调整和完善不适应发展变化了的主、客观实际的理论，依据新的实际寻求新的规律和特点，以形成新的理论，来指导新的实践。简言之，即总结经验，研究特点，发现规律。由此可见，创新的过程就是解放思想实事求是的过程，解放思想本身也是随着实践的发展而不断解放，实事求是本身也要随着实践发展不断创新，二者在本质上是一致的。同时，思想政治教育创新的理论由于在理论创新的整个过程中都坚持了解放思想实事求是的理念，坚持运用了实事求是的科学方法，才使得它是真正能经得起检验的、符合马克思主义基本原理的真理。事实证明，要在理论上有所创新就必须坚持解放思想实事求是，以解放思想为前提，以实事求是为基础；真正坚持解放思想实

事求是，必然要求对理论不断创新，而不能僵化、教条、墨守成规。毛泽东用"实事求是"这一凝聚中国传统哲学精华的语言，准确概括了马克思主义的精髓，创立了党的实事求是的思想路线，为党的理论创新奠定了科学的基础。邓小平又进一步重新把"解放思想，实事求是"确立为党的思想路线，成为邓小平理论的精髓。实践反复证明，什么时候坚持解放思想、实事求是，我们的理论就发展，文化就繁荣，社会就进步；什么时候背离解放思想、实事求是，歪理邪说、空想谬论就盛行，社会主义事业就会遭受挫折和失败。因此，作为思想政治教育工作者，必须坚持实事求是，不断进行思想政治教育理论创新。

其次，坚持解放思想、事实求事就要勇于实践。如何在日益复杂的社会实践面前，保持理论之树常青，关键是勇于实践和善于探索。勇于实践，就是要着眼于实践，坚持一切从实际出发，敢于正视，敢于揭示实践中存在的深层矛盾，敢于突破不适应新的实践发展的定论；善于探索，就是要用科学的世界观、认识论和方法论，遵循经济社会发展的基本规律，既继承前人又不周于陈规，善于从实践中发现问题，提出问题，善于把实践中反映出来深层次矛盾转化为科学研究对象。善于把握本质的、反映经济社会发展规律的问题，避免受浅表或虚假现象的迷惑。

第三，思想政治教育理论创新要求解放思想实事求是不能一劳永逸的。任何新的理论都有一个不断深入和完善的问题。比如，列宁通过对马克思科学社会主义的深入研究，从俄国革命和实际出发，提出了社会主义可以在一国胜利的理论，丰富了马克思主义的科学社会主义理论；毛泽东中国民主革命道路的理论、邓小平建设有中国特色社会主义的理论，又是对既往科学社会主义理论的进一步丰富。所以，思想解放不能毕其功于一役，而是一个不断深化的发展过程。随着改革的深入，开放的扩大，深层体制矛盾日益暴露，利益主体的分化、重构和困难群体的出现，使思想解放遇到与过去完全不同的情况，思想政治教育不但要帮助人们进一步从"左"的和教条主义的束缚下挣脱出来，更要面向现实，分析新情况，解决新问题；不仅是要批判过去，更要着眼于未来。要解决的不是一个方面和环节单一的问题，而是受多种因素所制约、决定复合型的思想政治教育问题。要使人们的思维方式从过去的点、线向网络、系统转变。在综合中创新，就成为思想政治教育理论创新的主要内容。因此，思想政治教育理论创新要在坚持马克思主义基本原理的前提下，尊重实践的发展和检验，要不断地解放思想，实事求是，锐意创新。要做到陈云同志所说的"不唯书，不唯上，只唯实"，使思想政治教育理论创新不断取得新成就，更好地指导思想政治教育实践，更加有力地推动社会前进。

（二）主观能动性是思想政治教育理论创新的动力

首先，思想政治教育理论创新需要理论工作者的勇气。新是相对于旧而言的，理论创新常常是对原有理论的丰富、扩展或否定。没有对旧理论中正确部分的肯定，新理论的产生就失去了基础；没有对旧理论中错误部分的否定，更谈不上创新。因此，理论创新是革命。既然是革命，缺少勇气和牺牲精神是难以成功的。从哥白尼的日心说到布鲁诺的宇宙说，从马克思主义、列宁主义到毛泽东思想、邓小平理论，每一种理论的创新都需要勇气和大无畏的精神，每一种理论体系的创建都需要科学家和理论家的良知。正确的理论只有在产生和发展中与形形色色的"左"和右的倾向斗争中才能被大众认可、接受。特别是思想政治教育理论，经过一百五十多年的不断创新和发展，已经形成了一套相对完备的理论体系，要想做到理论创新是不容易的。首先，要受到传统的制约。战争年代，思想政治教育发挥了重要作用，得到了人们的普遍推崇；和平年代，思想政治教育也曾发挥了应有的作用，但思想政治教育在人们的推崇下，走向了它的反面，泛政治化。在人们的脑子里已经积淀下了思想政治教育传统带给自己的"胎记"，惯性的作用使得打破旧框桎显得不易。其次，要受到政治的制约。理论创新有其特有的前瞻性，正因为如此，有时创新的理论与现行的政策会发生矛盾。特别是思想政治教育理论具有很强的政治价值趋向，这时，就会有很多人出来反对这种创新的理论，甚至会把它扼杀掉。这需要思想政治教育理论工作者有极大的勇气和牺牲精神。第三，要受到各种学派的围攻、谩骂，要与各种不同观点进行公开的、隐蔽的论战，这些都需要理论工作者的勇气、良知和牺牲精神。第四，思想政治教育理论工作者的工作性质是研究与触及政治和社会问题，这样，不可避免地要触及人们的利益。当创新的理论触及到一部分既得利益者时，不仅理论要受到责难，理论工作者本身也会遭到非难和麻烦。这些都需要理论工作者去面对，去"为真理而斗争"。这样，勇气和大无畏的精神至关重要。

其次，努力提高思想政治教育主体素质和人格的塑造是思想政治教育理论创新的关键。理论创新是一种高级抽象思维活动。它要求创新者不仅要有通古论今、学贯中西的知识基础，要有辩证思维、逻辑思考的思辨能力，还要有不畏权贵，敢于抗争的胆识和毅力。无私才能无畏，有水平才会出高招，有毅力才会坚持到最后胜利。创新对主体素质的要求是多方面的，没有社会责任心和对未来理想的追求，就不可能有创新。没有潜心的研究和经验的积累，就不会有真知灼见和灵感。而所有这些优秀素质，都集中体现在创新主体人格的塑造上。因此，恩格斯在《路德维希·费尔巴哈和德国古典哲学终结》一书的结束语中指出，曾经领略一个时代风骚的德国古典哲学，已随着资产阶级革命的胜利，资本家走人交易所的殿堂而成为过去。但德国的工人阶级却成为唯物论和辩证法的继承者和创新者，因为"这里没有对地位、功利的任何顾虑，没有乞求上司庇护的念头。反之，科学愈是毫无顾忌和大公无私，它就愈加符合工人的利益和愿望"。所以，广大思想政治教育理论工作者，在进行艰苦的理论创新过程中，要注意克服沽名钓誉的浮躁心态，潜心耕耘和科学创造，用自己辛勤的劳动推动思想政治教育理论的繁荣和发展。充分发挥"先进思想的传播者、科学技术的开拓者、'四有'公民的培育者和优秀精神产品的生产者"的作用，为中华民族的振兴建功立业。

第三，思想政治教育理论工作者要担负起思想政治教育理论创新的历史重担。恩格斯曾经指出："每一时代的理论思维，从而我们时代的理论思维，都是一种历史的产物，在不同的时代具有非常不同的形式，并因而具有非常不同的内容。"（《马克思恩格斯选集》第4卷，人民出版社1995年版，第284页）新世纪，特别是未来五十年，建设社会主义强国的开拓实践，不仅迫切要求思想政治教育理论的不断综合创新，为社会变革与转型提供精神动力和智力支持，而且也为思想政治教育理论创新的实现，提供了客观前提。广大思想政治教育理论工作者要不辱时代使命，主动担负起崇高的历史责任。一是要以马克思主义为指导，站在近现代伟大变革的历史维度，从人类发展史的宏观视域，高瞻远瞩，充分认识新世纪思想政治教育理论创新的时代意义。不仅要对改革开放，中华民族在新世纪的伟大复兴倾注更多的人文关怀，而且要从人与社会、人与自然及人生的价值源头，对人类的可持续发展倾注更多的终极关爱；二是要承继先人的伟业，坚定理想信念，增强紧迫感与忧患意识，以政治上的远见卓识，变外在的时代发展压力为内在的理性自觉，为新世纪思想政治教育理论创新培育起强烈的历史责任意识；三是要弘扬坚韧的理论勇气。要树立唯物史观，倡导大无畏的科学奉献精神，敢于突破"左"的思想束缚和右的干扰。要抵御社会浮躁之风的诱惑，克服功利化的主观心态，坚守学术道德防线，培育刚正不阿的优良学术品格。要发扬"面壁十年图破壁"的学术风范，耐得寂寞，耐得孤独，敢于超越自我，直面现实，敢于提出合乎理性、异于成说的观点；要勇于坚持真理，修正错误，不迷信、不信邪、不盲从、不守旧；要解放思想，勇于实践，求真务实，开拓进取，永葆对未知世界长盛不衰的探索锐气，以不断取得前沿性、开创性、突破性的理论创新成就。

第三章　新媒体文化与思想政治教育

近年来，以数字技术、网络技术、移动通信技术为依托的新媒体迅速发展，并日益嵌入社会生活的各个层面，引发人们的广泛关注。美国《连线》杂志对新媒体的定义为"所有人对所有人的传播"。清华大学新闻与传播学院熊澄宇教授则认为："新媒体是在计算机信息处理技术和互联网基础之上，发挥传播功能的媒介总和。"总体来说，新媒体是指在报刊、广播、电视等传统媒体以后，新的技术支撑体系下发展起来的新的媒体形态，如网络、桌面视窗、数字杂志、数字报纸、数字广播、手机短信、移动电视、数字电视、数字电影、触摸媒体等。

第一节　新媒体文化与思想政治教育的联系

一、思想政治教育的人文情境

（一）新媒体传播发展迅速

新媒体对社会能够产生这样全方位的影响，从表面看是因为日新月异的技术因素，其实更重要的在于它形成了一种新文化。"一种新媒体的诸多优势最终会导致一种新文化的产生"根据麦克卢汉关于"媒介是人的延伸"的理论，从根本上说，媒介是人类文化得以保存、传播和进化的载体，媒介本身同时也形成了新文化现象，也是文化的延伸。由此，我们可以把新媒体文化可以定义为以新媒体为载体的，体现新媒体特点的新文化形态、文化结构、文化现象、文化功能的总和，是新媒体时代特有的社会文化现象。

新媒体的广泛运用昭示着一个新的文化时代的到来。"后现代文化最突出的特征就是文化越来越趋向于媒介化，人类创造的任何文化都是需要传播才能产生作用，无论何种文化的传播又必须通过媒介才能进行。"

当我们把新媒体看成是一种新文化，并辐射到作为特殊政治文化的思想政治教育，并发生巨大影响的时候，我们应该如何看待它与思想政治教育的关系和作用？笔者认为，一方面，新媒体文化的发展为繁荣和发展思想政治教育提供了丰厚的土壤；另一方面，思想政治教育本身就是社会文化的重要组成部分，体现了主流文化的核心价值观，有效的思想政治教育也为新媒体文化发展提供导向和动力。

笔者还认为，深入分析和理解新媒体的文化特性如人文特性、公共特性、互动特性、创新特性、控制特性，借助文化本身融合、渗透并相互影响、相互作用的特质，从两种文化对接、结合的视角，充分利用好新媒体的这些特性，对创新思想政治教育，增强思想政治教育效果，提升思想政治教育的实效性，有助于达到以思想政治教育之"文"来"化人"的根本目的。

（二）思想政治教育贯穿人文精神培育

新媒体文化中蕴涵的真善关人文特性与思想政治教育丰富深厚的人文精神内蕴可谓同频共振。彰显其人文精神价值，有助于创设良好的思想政治教育的人文情境。

新媒体作为一种文化，首要的特性是它的人文特性。这种人文特性主要体现在新媒体文化的灵魂就是人文精神。因为，在新媒体中传播和流动的，不仅仅是科学、技术、历史、艺术等信息本身，还蕴涵着深层次的科学、民主、法治理念和追求真善美的人文精神。具体来说，新媒体文化是借助于信息处理技术和数字化的网络，人类几千年积淀的优秀文化包括人文精神，通过各种方式（语言、文字、图形、图像、声音、音乐形象等等），遵循数字化的规律再现、重构、衍生、发展。在新媒体文化的领域中，人文精神的张扬开辟了新的拓展空间。也正是这些新思想、新观念在丰富人们的生活，感化着人们的心灵，在潜移默化中健全着人们的人格。

新媒体文化在其发展过程中，不仅构筑了先进文化的最重要载体和平台，还彰显着人类发展新的"人文向度"，指向新的充满意义的生活世界"互联网作为一种技术，它对人类生存的意义主要的并不在于物质财富的增加和外在生存环境的变化，重要的是，它是一个比现实世界更加人性化的生存空间。"但现实中，当人们对新媒体的巨大社会影响和作用顶礼膜拜的时候，往往更多的是看到了其工具价值，而对其人文特性和价值或视而不见或给予忽略。

众所周知，思想政治教育作为主流文化，一直以来贯穿人文精神培育，体现了以人为本的根本理念，落实着人文关怀的基本要求。什么是文俗？《周易》说是'关乎人文，以化成天下'。而以人文来'化成天下'的诸要素中，最为核心的是价值观念和意义体系，简单说也即"文化模式的价值效用在人们头脑中总的观念反映"。思想政治教育在陶冶人的情操，提升人的精神境界，确立人的理想信念，丰富人的文化生活，和谐人际关系，促进人自身全面发展等方面的具有非同小可的作用。

思想政治教育主要的不是知识和技能教育，更重要的是人文精神教育。它以传播和弘扬人文精神为载体和手段，去引导人们如何超越具体的生存层面。而现实中的新媒体文化绝不是孤立的存在，而是与社会的文化相互影响、相互关联、相互制约的。新媒体中蕴涵的科学、民主、法治理念和追求真善美的人文特性，与思想政治教育丰富的和深厚的人文精神内蕴可谓同频共振。如果从文化的"教化"效果考虑，新媒体文化在"化人"过程中与思想政治教育的目标、内容、方法，存在某种意义的一致性，隐性地执行着思想政治教育功能。因此，彰显新媒体文化的人文特性及其精神价值，有助于创设良好的思想政治教育人文情境。

二、新媒体文化中凸显的公共特性

思想政治教育的对话要求同声相应。运用好根植于网络空间的"公共领域"的对话，可以更好地提升思想政治教育的有效性。

按照福柯的观点"空间是任何公共生活形式的基础，空间是任何权力运作的基础"。随着互联网科技的发展，新媒体以其前所未有的开放性极大地扩展了公共领域的空间。这种根植于网络空间"公共领域"的新媒体文化，不仅可以让更多公民参与其中，给他们以辩论和发表意见，进行话语交流的空间，最重要的是，这种新媒体文化更强化了其公共特性中蕴涵的对话本质，并在对话与交流的基础上产生新的"效果意识"，为提高思想政治教育有效性提供了载体和平台。

公共领域（public；sphere）的概念最早是由美籍德裔思想家汉娜·阿伦特提出。西方马克思主义法兰克福学派的哈贝马斯是公共领域理论研究的集大成者。借鉴哈贝马斯关于公共领域研究的理论，有两点值得我们关注，第一，哈贝马斯的"公共领域"概念本质上是一个对话性的概念。第二，哈贝马斯的公共领域思想，包含着否定、批判的求同存异性。据哈贝马斯分析，公共领域中的交流是非官方的自由言论，其否定含义不言自明。

（一）哈贝马斯关于公共领域存在构成条件的观点

主要有以下三个支点：

1. 由私人组成的公众。他们具有独立人格，能够在理性基础上就普遍利益问题展开辩论。

2. 拥有自由交流、充分沟通的媒介。因为媒介是信息的载体，决定着信息的流量。单向的非沟通媒体将导致信息的匮乏和意义的缺失，在此基础上私人的"独立"与"理性"也就失去了意义

3. 能够就普遍利益问题自由辩论、充分交流，进行理性批判达成共识，形成公共舆论。这便是形成公共领域的三个支点。其本质就是为人们提供自由、公共的话语交流的互动平台，即公共话语空间。

（二）公共领域的实现需要一定载体支撑

哈贝马斯认为，最早的公共领域起源于古希腊时期的广场机会，建立在自由发表意见和对话基础之上。在《公共领域的结构转型》中，哈贝马斯就还将公共领域的兴起追溯至咖啡屋、沙龙和社团，并将它与印刷传播阶段联系在一切。而伴随着技术的发展，个体向公众的转变已经越来越依赖于大众传媒"当公众成为一个国家中的庞大团体，则必然需要以借助某种工具来实现团体内部的信息传递和相互影响。而今天，报纸、杂志、广播、电视则承担了这样的角色，成为公共领域的载体。"

人们对对话并不陌生。对话作为人的一种存在方式和生活方式，是人们交流思想、沟通感情和探求真理的重要方式。对话也是一种文化。经典著作《柏拉图对话录》与孔子的《论语》都不约而同地采用了对话体。对话的核心和本质是促进理解。而"理解是对话者的视域融合，是彼此意义的交流，能实现对话主体的精神的建构，蕴含着丰富的人生意义。对话不是一种毫无口的活动，而是一种不断生成性的活动，指向人的全面自由发展。"

从"公共领域"概念本质上是一个对话性的概念，而对话的核心和本质是促进理解的视角分析，长期以来，我们的思想政治教育工作效果不佳的原因之一，就是比较多地采用灌输和说教的方法，并不能使教育者把自己的观点和意见让受教育者心悦诚服。而"真正的思想政治教育从来就不是毫不讲理的强制灌输，而是采取对话的方式和态度，不断调动受教育者的主观能动性，使其将马克思主义思想理论内化为自己的观点和思想，从而真正地提升思想政治教育的实效性。"

三、新媒体文化中强调的互动特性

（一）新媒体文化的互动性

思想政治教育具有的互动功能存在异曲同工之处。有意识地强化这种互动作用，有利于开创生动、活泼的思想政治教育工作局面。

互动是一种基本的、普遍的日常生活现象，互动无处不在。正如泰普斯科特所指出的："网络时代的文化核心就是互动。"网络、手机等新媒体的广泛普及，开启了"自媒体"的时代。思想政治教育的对象是人思想政治教育的过程，从文化社会学的角度讲本质上也是一种文化互动，即教育者与受教育者之间的人际互动。新媒体文化的互动特性使得受众实现被动到主动的改变，直接体会到一种参与感，主动性和积极性被空前的调动起来。在个体和微观层面看，思想政治教育活动中体现的是思想政治教育者与受教育者个体的互动。从社会和宏观层而来衡量，思想政治教育带来的成效，教育目标的实现和功能的发挥，更取决思想政治教育系统与整个社会的教化系统相互作用，在心理、行为上相互影响、相互作用的动态过程。

（二）思想政治教育的交往实践活动

思想政治教育作为一种知、情、意、行合一的交往实践活动，应是一个生动、真实、开放、意义生成的过程。思想政治教育主体与客体的关系也是思想政治教育中最重要、最基本的关系。从新媒体文化的视角，充分利用网络空间"公共领域"，建构有利于实现思想政治教育口标、手段、过程的平台和载体，建构互动对话式的思想政治教育不仅仅是对传统教育方法的改变，也是一种社会态度的培养，更是一种新政治文化的形成。如果仅仅把受教育者仅仅当客体看待，将受教育者视为被改造的工具和物，不能充分发挥受教育者的主体参与意识，形成教育者与受教育者之间的双向互动，开创生动、活泼的思想政治教育工作局面，很难想象思想政治教育会取得良好的效果。

新媒体文化中鲜明的创新特性与思想政治教育创新的内在要求不谋而合，将成为在实践中拓展思想政治教育思维的开阔地、工作的突破口、视野的切入点。文化的创新特性的根本社会意义就在于，一方面，它是对社会文化的整体创新。尤其是开创了一个时代的创新比如互联网，必然会对整个社会文化系统产生全面的影响，加速海量文化信息的传递，导致文化种种形态的新变化。另一方面，文化也不仅仅是历史的产物，在一定意义上也是一种现实性文化。如新媒体就是高新技术应用于传媒的文化成果。在创新中形成的新媒体文化不仅是现实社会的真实投射和集中再现，同时还极大地影响和再造了人类社会当下各种各样的创造性活动。

在新媒体开创的文化时代，"互联网的普及和升级换代不断深化其内涵和应用，不断催生新的文化业态和文化表选""新媒体以信息传播形态的变革为标志，不仅引发着媒介与信息传播领域的巨大变革，同时也在以潜移默化的方式改变重组着人类原有的社会环境和文化生态，波及并影响着人们的思考方式与认知逻辑。"事实上，当人们从生态的角度来思考新媒体文化的作用和影响的时候，就是以一种系统的理念为主导，从整体来思考和而对对新媒体文化对思想政治教育带来的变化。我们确实看到新媒体文化以海量、快速、交互、生动等特点，为思想政治教育提供了新载体、新平台，给思想政治教育带来了新的机遇，开辟了新天地。同时，这种新媒体文化具有的虚拟、开放、难以掌握和监控等特点，也使思想政治教育而临许多新矛盾、新问题，引发人们深入的思考。而正是这些新的挑战、矛盾和问题，成为我们创新思想政治教育的思维开阔地，工作的突破口，视野的切入点。

当下新媒体与文化的相互作用和相互结合，实际上已经形成了一个动力学的过程。它不仅把整个社会和每个人裹挟其中。更重要的是新媒体已经不仅是技术，它还是文化，而且是一种新的文化生成方式，对形成全新的文化表达和显现形态有强大促进作用。

新媒体文化中明晰的控制特性与思想政治教育的政治价值指向有殊途同归之效。要充分利用新媒体的控制力，以实现思想政治教育之"文"来"化人"的根本目的。

人及其社会都是文化的产物，而文化具有控制特性也是众所周知的事实。就社会控制论中的文化控制而言，主要涉及如媒体系统、教育系统、组织系统、政治法律系统等。从文化社会学的视角来反思，社会的价值观、风俗、习惯、伦理、道德、宗教、信仰是文化控制，新闻舆论也是文化控制，甚至谣言都可以起到文化控制的作用，影响人的思想和行为。

基于多媒体计算机及互联网技术等高科技手段的新媒体具有文化控制特性，也是一种客观存在。实际上，互联网是一种控制工具，随着网络的发展和应用的普及，我们必须正视这样一个事实，即人们在感受所谓的自由和民主时，实际上也不知不觉地被网络或被人利用网络而控制了。

新媒体文化中这种明晰的控制特性，与思想政治教育的政治价值指向，与思想政治教育的出发点和落脚点有殊途同归之效。因为"议程设置"理论假说中的受众导向需求告诉我们，"舆论引导如果想要获得与传播者意图一致的传播效果，必须认真研究受众的欲知、应知和未知，比如敏锐地分析舆情，了解大众的所思、所虑和所想。"思想政治教育应借鉴"议程设置"理论的要义，充分利用新媒体的影响和控制力，更多地关注受教育对象的心态和需求，精心设置教育内容和方式，把握最佳教育时机，追求最佳教育效果，以实现思想政治教育之"文"来"化人"的根本目的。

第二节　新媒体文化对大学生思想政治教育的影响

一、社会环境

新媒体技术对社会变迁的影响主要表现在两个方面：一是基于信息技术而形成新型社会形态，亦即网络化社会；二是由互联网架构网络空间或虚拟世界，亦称虚拟社会或赛博社会。基于新媒体时代的社会环境，高校思想政治教育主要发生了以下变化。

（一）社会空间"无屏障"

在新媒体环境下，由于媒体接近权的实现，不仅使人的感知范围和能力空前的提升，更使个体的传播能力和沟通能力得到加强。人们对世界的认识不再依赖单一、单向的信息来源，往往是在多信道中通过沟通和辨别来完成。在如此社会环境下，高校思想政治教育由原来的"点对面"的"封闭式"的单向传播得以改变，新媒体的即时互动性不仅使信息传播"时间无屏障""资讯无屏障"，更重要的是使得社会空间变得"无屏障"。如今人们利用新媒体已经做到了随时随地与人对话、交流，在有关站点公开发表自己对有关事物的意见和建议，有时还展现出更强大的舆论力量。高校思想政治教育工作者的作用日趋减弱，呈现出传播内容的极大开放性，受众的主体地位得到极大的彰显和提升。与此同时，给信息的真伪性的甄别带来很大困难，使得大学生容易受到虚假信息及不良信息的误导，也给大学生思想教育工作带来困难。

（二）社会舆论同化迹象严重

新媒体技术所带来的是传播内容全球化，意识形态全球化，但是，这种全球化并非双向，而是单向的。在如此单向传播的社会环境下，媒体舆论的格局发生了重大变化，即中心与边缘是否对称的，在海量信息特别是重大问题如国际相关事务问题面前，大学生们的观点或价值取向，往往是相似的甚至是舆论同化的，这种状况给高校思想政治教育带来了空前的难度。究其原因：一方面是由于大学生生活在新媒体环境之中，他们的日常生活及其学习活动处处与新媒体有关，有意无意地受到垄断媒介的舆论控制。另一方面，西方发达国家的既有优势控制着新媒体的资源和技术，将其触角伸向全球各个角落，试图使全球舆论传播摆脱主权国家的烙印。以美国为例，美国控制着信息与网络的基础资源，从互联网诞生至今，美国控制着 1 台主根服务器和 9 台副根服务器，而根域名服务器是架构互联网所必需的基础设施。美国拥有全球访问量最大的搜索引擎 Google、最大的门户网站 Yahoo、最大的视频网站 YouTube、最大的微信平台 Twitter 和最大的社交空间 Facebook，美国的 Intel 垄断着全球电脑芯片，IBM 推行着"智慧地球"，Microsoft 掌控着电脑操作系统，ICANN 掌控着全球域名地址，苹果主导着平板电脑。美国的网络空间霸权遍布国际互联网的每一个领域、每一个角落，在如此社会环境下，社会舆论被同化已成为一种必然。

（三）社会负面信息呈膨胀趋势

新媒体作为当代社会的一个开放系统，一方面它扩展了大学生获取信息的渠道，使大学生接触的信息面更宽，接触到的不同观点更多，获取的信息就可能太多太滥；另一方面，海量信息，鱼龙混杂，使得高校思想政治教育的环境变得更加复杂化。首先是多元的大众传媒形态，超时空、数字化的虚拟世界，光怪陆离、泥沙俱下的传媒信息，对于世界观、人生观和价值观正在形成之中的青年大学生来说，容易分辨不清，不可避免地带来诸多负面影响。其次是新媒体所具有的高技术与生俱来的渗透性，是一个不以人的意志为转移的客观存在。据悉，全球互联网的全部网页中占 81% 的是英语，其他语种加起来不足 20%；国际互联网上访问量最大的 100 个网站中，有 94 个在美国境内。当前从国际互联网上可接受的信息来自美国的占 80%，来自中国大陆的仅占 0.01%。这表明，以美国为首的西方发达国家凭借其资金与技术的优势，占据了互联网信息资源的绝对控制权，大肆进行意识形态方面的渗透。由于缺乏必要的技术手段和监督机制，社会负面信息对高校思想政治教育所产生的冲击也是不可避免的。

二、文化环境

（一）文化环境的变革

1. 网络语言盛行

新媒体的发展，带来了新型的思想交流方式，改变了人们的行为习惯和表达方式。网络发展促进了一种独特的话语体系的产生。网络语言是当今高校文化环境的一个极为重要的特征。网络语言是伴随着新媒体的发展而新兴的一种有别于传统平面媒介的语言形式。它以简洁生动的形式，一诞生就得到了大学生们的偏爱，发展神速。目前正在广泛使用的网络语言，在形式上有如下几种：

（1）符号化语言。在电脑上输出文字时，习惯上会带有相关的符号语言。例如：—）（微笑的象形）；—D（大笑的象形）；—C（撇嘴的象形）等等。

（2）数字化语言。运用数字及其谐音可以更好地表达自己的想法。例如55（呜呜的谐音，表示哭的声音）、88（拜拜，英语单词 Bye-bye 的谐音）、520（我爱你的谐音）等等。

（3）字母化语言。类似于数字的运用，字母也有表情达意的功效。如：BT（变态拼音的缩写），PLMM（漂亮妹妹），PMP（拍马屁），BF（boy friend 的缩写，即男朋友）等等。在内容上有如下表现：一是新词新意层出不穷。像网络新词酱紫（这样子）、表（不要）、杯具（悲剧）等等，它们是同音替代或合音替代。一些旧词有了新的意思，可爱（可怜没人爱）、恐龙（丑女或者是褒义词）、天生丽质（贬义词）。二是使用超越常规的语法。网络语言已经不再拘泥于传统的词语构成语法，各种汉字、数字、英语或简写混杂在一起，怎么方便怎么用，语序也不受限，倒装句时有出现。如："……先""……都""……的说"，千奇百怪。三是口语化的表达。网络交际语言用于网上交流，在表达上更偏向口语化、通俗化、事件化和时事化。

2. 文化消费呈多维性和选择性

文化消费是一种直接影响人的精神、思想、心理、情感以及价值观、人生观的为人类所特有的社会文化现象。新媒体扩大了文化消费的内涵。随着信息产业的发展，媒体消费不单是一种文化产品载体，或者一种文化消费品，媒体消费已经融入人们的日常生活，逐步成为一种消费习惯和消费行为。当以电视为核心媒体的消费文化，利用难以计数的符号和形象流动生产出无休止的现实模拟的时候，消费者往往失去对现实的把握，人们在消费过程中逐步地迷失于"符号"的海洋里。20 世纪末 21 世纪初，当以互联网为核心媒体的信息消费，利用便捷的信息传播通道和手段将信息传播的时空差别降低到最低，生活在如此文化环境中的大学生，媒体消费已成为他们日常生活中的一种基本消费，投入时间和资金在信息的获取上已经成为一种基本的、习惯性的消费。与以往的文化消费不同，新媒体文化消费呈现出新的特点：个性化特征更加明显，受众的自主选择性能够更加充分地发挥；互动性加强，信息传递从单向走向双向、多向互动交流；受众参与性增强，将受众从被动的接受者变成主动的参与者；更加便捷的新媒体扭转了文化消费的时空限制，文化消费可以更多地通过新媒体随时、随地发生；异地形象可视的文化消费活动、异域文化产品资源共享、远程文化消费操控等新的行为模式，成为新兴媒体引领的文化消费亮点。

3. 青年亚文化已成为高校文化环境的重要形态

在高校文化环境中，青年亚文化的存在一直与主流文化是相互伴生的。新媒体为青年亚文化提供了成长的温床，同时也促成了一种新的文化形态，即新媒体环境下青年亚文化。这种亚文化有别于传统的表达方式，大学生群体在张扬个性、宣泄情绪的同时，尤其显示出一种对主流文化、精英文化的抵抗和解构。近几年来，在高校流行的网络游戏、网络文学、网络音乐、网络恶搞和网络事件等形式，已成为高校大学生所追求的与主流文化、精英文化有偏离性差异价值观的生存方式。

网络游戏：英文名称为 Online Game，又称"在线游戏"，简称"网游"。指以互联网为传输媒介，以游戏运营商服务器和用户计算机为处理终端，以游戏客户端软件为信息交互窗口的旨在实现娱乐、休闲、交流和取得虚拟成就的具有可持续性的个体性多人在线游戏。大学生亚文化群体借助于这种游戏形式，既舒缓了压力、表达了个性，同时也使他们对现实社会的挫败感和失落感都在网络游戏过程中得到了发泄。

网络文学：指新近产生的，以互联网为展示平台和传播媒介的，借助超文本链接和多媒体演绎等手段来表现的文学作品、类文学文本及含有一部分文学成分的网络艺术品。网络文学与青年亚文化存在着内在的姻亲关系。由于借助强大的网络媒介，网络文学具有多样性、互动性和巨大的自由性，因而成为大学生亚文化群体表达思想和情感的最便捷的工具，成为青年亚文化的一个表达空间。

网络音乐：是指音乐作品通过互联网、移动通信网等各种有线和无线方式传播的，其主要特点是形成了数字化的音乐产品制作、传播和消费模式。网络音乐主要由两个部分组成：一是通过电信互联网提供在电脑终端下载或者播放的互联网在线音乐；二是无线网络运营商通过无线增值服务提供在手机终端播放的无线音乐，又被称为移动音乐。网络音乐，既能够表现大学生亚文化群体对自我思想的表达和对社会现实的讽刺与揭露，同时也能够充分体现他们对人生、社会、爱情、生活等方面的追求与理想，因而成为大学生亚文化的一种强有力的表达方式。

网络恶搞：是一种借助新媒体，为建立集体认同而采用符号的新风格化方式来挑战现实社会的手段。自 2005 年末，胡戈的《一个馒头引发的血案》恶搞陈凯歌的电影《无极》，把中国互联网视频恶搞带入了鼎盛时期，到如今恶搞之风越刮越烈，五花八门的恶搞铺天盖地而来。除了视频，还有图片恶搞、声音恶搞、软件恶搞等。网络恶搞所具有的张扬个性、颠覆经典、反讽社会、解构传统的特点，已成为大学生亚文化群体对主流文化抵抗的工具。

网络事件：是指通过网络或其他技术手段，利用信息系统的配置缺陷、协议缺陷、程序缺陷或使用暴力攻击对信息系统实施攻击，并造成信息系统异常或对信息系统当前运行造成潜在危害的信息安全事件。大学生亚文化群体十分关注网络事件，往往通过对事件的分析来表达自己的看法，他们对网络事件的表达本身就隐喻着青年亚文化的价值观。

新媒体时代青年亚文化对社会文化的发展有着独特的文化价值和社会价值。就文化价值来说，青年亚文化促成了文化传播方式的改变，从"单向"向"互动式"方向发展，充分体现了尊重文化自由平等的表达权利，使"个性文化"成为流行的主题，引领着社会文化朝着探寻真实的生命体验出发。就社会价值来说，青年亚文化已成为青年群体特有的生活态度和生活方式的依托，它不仅有利于从意识想象层面解决代际冲突，而且逐渐从虚拟空间开始影响到现实的社会生活。从社会交往方式的发展来看，青年亚文化作为一种新的生活方式，它打破了传统的社会交往模式，极大地丰富了社会生活交往的内容，预示着新的社会交往模式的发展。

(二)　文化环境的负面影响

如此文化环境对高校思想政治教育产生了严重的负面影响。

1. 高校思想政治教育失去了文化辅助

长期以来，高校思想政治教育一直是由主流文化、精英文化辅助的，因而使得思想政治教育工作能够得以延续。现在高校的文化环境已经发生了重大变化，在网络语言、亚文化氛围之中，传统的思想政治教育失去文化辅助已成必然。新媒体时代高校思想政治教育的有效开展，离不开与之相伴的文化辅助，否则就会使教育演变成单纯说教，失去知识性和趣味性，影响思想政治教育的效果，难以实现社会道德的有效传递。

2. 高校思想政治教育工作者的权威丧失

在新媒体时代，文化环境在很大程度上调整了"受教育者"与"施教育者"的关系，教育者与受教育者之间的地位是平等的，教育者可以把正确的世界观、人生观、价值观有机地融入网络的各种形式当中，但是不能强迫受教育者接受某种思想观点。按照以往传统的知识传承习惯，青少年一代在成长过程中所获取的知识和信息，主要是从他们的父母、老师那里获取的，父母和老师的知识权威形象是不可动摇的。新媒体时代开始动摇了这一传统的知识传承习惯。随着新媒体文化技术含量急剧增加，技术文化已经超越了传统人文文化而成社会文化存在的主要支撑，这便使富有创新且易于接受新事物的年轻一代成为新文化的拥有者，也就是说他们能够从父母、老师以外获取更多的知识和信息，这是他们在与父母、老师的互动中获得"反哺"能力或"话语权力"的最重要途径。这种文化反哺现象，既是一种文化加速度发展的表现。同时也是一种代与代之间道德传递发生阻碍的必然，由于青年一代在构建其道德观上主体性强盛而继承性不足，因而严重影响了传统道德文化的整体传承。

3. 社会道德标准被游戏化了

新媒体时代，高校的文化环境所发生的异化现象还体现在：校园的一切事物似乎都可以被娱乐化、轻松化、戏剧化，社会道德也不例外。比如，现在一些大学生遇到亟待救助的事件时，往往抱着"事不关己，高高挂起"的消极心理，甚至有的人还会在网络上加以嘲笑，有无道德的信守视乎无关紧要；对待我们社会倡导的"雷锋精神"和多年教育中本已接受的价值理念，更是成为大学生调侃的话资。社会道德标准被游戏化，社会道德陷入价值观念尚未确立就遭消解的窘境。面对如此文化环境，关注和重建社会道德责任感，重塑社会公德和民众私德，使中华民族道德的优良传统薪火相传，已成为新媒体时代高校思想政治教育急需解决的问题。

三、技术环境

（一）高校思想政治教育的技术环境的变化

新媒体的广泛应用，给高校思想政治教育的技术环境带来许多变化，其中最突出的反映在以下三个方面。

1. 信息传播海量化

一般来说，传统媒体信息量小、信息面向窄、信息途径相对单一，而新媒体依托高科技形成了一个覆盖面广泛、涉及领域全面的网状体系，不仅承载、传播了巨大信息量. 而且信息更新的速度远远超过传统媒体。在新媒体时代，只要教育者掌握相应的互联网、手机短信、飞信等新媒体终端的应用知识，就可以自由地获取大量的信息资源。一般认为，动态更新的消息、数字资源极为丰富的数据库，是新媒体传播最有价值的两种海量信息。比如，像搜狐、新浪等门户网站每天24小时可以滚动上万条消息，可做到重大事件即时报道出来。比如登陆中国知网搜索，可以查看各行各业的知识与情报。网络上海量的信息为教育者提供了极为丰富的知识资源. 使教育者足不出户就可了解自己所研究领域最新的知识，也为自己获得相关材料进行备课、教学提供了方便。信息传播海量化的技术环境，使高校思想政治教育实现了根本性跨越和对传统思想政治教育环境的彻底颠覆：大学生可以凭借新媒体随时随地获取所需的知识和信息，极大地提高了思想政治教育信息的传播效率；高校思想政治教育工作者借助新媒体技术，可以以声音、文字、图像等丰富多彩的表现形式。生动地表达思想政治教育内容，并在最短的时间内快速地将思想政治教育信息传达给受教育者，而且不需要受到制度、体制和其他烦琐程序的制约，从而增强了思想政治教育的及时性和辐射力，进一步拓展了思想政治教育空间。

2. 人际关系虚拟化

新媒体时代，由于新媒体技术的广泛运用，现实生活中的每一个人既可以成为一个传播载体或是消息源，也可以成为一个受众，传者和受众的角色大多是虚拟的，信息交流的对方均是未知的符号代替，因而使得新媒体信息变得复杂多变，人际关系极具虚拟化。这种虚拟化虽然大大削弱了门户对消息的控制，但对加强高校思想政治教育无疑是个机遇：它有利于大学生将内心深处的孤独、苦闷、迷惘等真实地倾诉出来；有利于教育双方可以通过短信、论坛、网络聊天等形式"毫无顾忌"地进行真实心态的交流，发表自己的意见．真正实现畅所欲言。

3. 教育平台多样化

传统的高校思想政治教育平台主要以课堂教育为主，教育手段也比较单一。新媒体技术为高校思想政治教育工作者塑造了全新的平台，提供了通路上的便利。从传播通道上来说，新媒体实现了从单向度、单维度向多角度、多维度转变；从传播内容上来说，实现了从静态、单一的形式向动态、多样的形式转变，信息的发布和传递更加自由，信息的接受与运用更加方便，从而彻底打破了传统思想政治教育载体的时空、速度限制，使得信息耗散与反馈失真的弊病得到了克服。在新媒体时代，熟练掌握新媒体技术的高校思想政治教育工作者，可以通过新媒体的多种技术，集文字、声音、图像、数据等为一体，形成集成性、同步性、交互性和形象性的教育新通路，使高校思想政治教育更加生动活泼、富于艺术性且更具亲和力。可以说，新媒体为高校思想政治教育创造了最佳的技术环境，不仅带来了工作场合和对象、教育方式与手段还是信息获取与传播的突破性的改善，使传统的思想政治教育平台由单一性变为多样化和立体化；而且也极大地提高了思想教育信息的传播速度，增强了高校思想政治工作的生动性与感染力。

（二）高校思想政治教育技术环境的消极影响

新媒体为高校思想政治教育创造良好技术环境的同时，也带来了一些消极影响，主要是：

1. 由海量化信息所产生的副作用

新媒体时代，随着海量化信息的铺天盖地传播，在给受众带来比以往任何时候都能更加迅速便捷地获取信息的同时，也极容易造成受众在面对海量信息时的眼花缭乱和茫然失措。尤其是对那些涉世未深的大学生来说，在面对海量信息所包含的带有腐朽思想、消极观点时，往往对信息的被动接受将多于主动的思考，容易受到诱惑和盲从，以至于会影响到他们道德信念、价值观念的建立，与高校思政课所传授的社会主义核心价值体系产生冲突，抵消一部分教学效果，稀释了思想政治教育的浓度。

2. 由虚拟化关系所造成的副作用

新媒体时代，在新媒体所营造的技术环境下，高校现有的思想政治教育模式受到挑战：真实世界和虚拟世界变得界限模糊了，在某种程度上造成了"虚拟时空"的存在形式，高校大学生往往不知不觉地受到"虚拟时空"的影响并被动接受，失去理性和自我。由于人际关系虚拟化，使人的身份可以变成一串字符，任何人都可以不受约束随意使用不同的名字、性别、年龄与人交流而不会被人觉察，久而久之造成了一种疏离与隔阂，带来人与人之间关系的微妙改变；但同时由于网络上缺少现实中的道德和法律约束，极易造成人们是非观念的混淆，诱惑人们去尝试在现实世界里不敢付诸行动的"行为"。目前，高校思想政治教育自身改革的进展远远跟不上新媒体技术的发展步伐，在教育理念、教育政策、教育目的等方面缺乏前瞻性研究，对新媒体环境下的高校思想政治教育工作缺乏前沿认知。

3. 由多样化平台所带来的副作用

新媒体技术的应用，使得教育平台多元化了，但同时也增加了网络管理的难度。以手机上网络为例，现在高校学生是应用网络和手机上网的主要人群。近几年来，手机网络发展迅速。手机与互联网的互动更具有隐蔽性和不可预见性，对网络监管部门来说，追查信息源头的难度以及对信息真实性的鉴别难度进一步加大，给大学生思想政治教育舆论导向增加了控制难度，使得国家、社会和学校对思想政治教育舆论的引导难度空前加剧，舆论引导在高校思想政治教育中的作用明显弱化了。

四、新媒体改变大学生的学习与思维方式

以现代技术为基础的新媒体大大延伸和扩展了学习、交往空间，为学生自主学习、创新思维提供了有利条件。

（一）交互式自主学习的分量不断加大

传统意义上的学习，大多是指学生在教师的指导下进行课堂学习，很多学生称之为"填鸭式"或"满堂灌"的教学方式，对其比较反感和抵触。但在新媒体时代，这种学习方式得到了根本性挑战与变革。大学生可以利用手机、电脑等从互联网上获得大量的教育资源，进行交互式学习，可以根据自己的学习水平和接受程度，自主选取适合自己的学习内容，自由地浏览信息，直观地视听资讯，探查新闻热点，在主动的学习探索过程中体验快乐、收获知识。新的学习方式帮助大学生养成了主动探索未知世界，增长探索经验，自主接受新知识、新技术的行为习惯。但必须看到，大学生自主学习能力的增强并不意味着他们已经学会学习，面对新媒体带来的海量信息，由于受知识、经验、思维认识的局限，他们看问题容易主观片面，批判力有余而鉴别力不足，急需正确有效地引导。

（二）思维灵活度、创造性、批判性不断增强

一是思维的灵活性增强。新媒体技术下，大学生的学习工具变得更加多样化，学习工具大致可以分为效能工具、认知工具、沟通交流工具。使用效能工具 microsoft. net，大学生可以方便地把头脑中概念的思维变为可视化的，化抽象为具体；使用认知工具如 PPT，大学生可以更加系统地了解所学的知识，在脑海中形成一种线性关系；使用聊天工具如 QQ，可以支持师生之间及学生之间的沟通，"师—生""生—生""师—师"间的信息交流更加方便、快捷，而获得的信息增多，思考的角度也随之增加。特别值得一提的是，目前世界上很多著名的大学均在网络上提供开放课程供全球学习者免费学习，这进一步推进了大学生的自主学习，同时学习范围也变得更加自由与广阔。例如前段时间，复旦大学社会科学基础部"思想道德修养与法律基础课"任课教师陈果的讲课视频在网上就被很多学生热捧。陈果老师本身是复旦大学哲学系博士，号称"复旦北区"三宝之一，并有着曾师从哈佛大学神学博士 James D. 芝加哥大学心理学博士 Evelyn 的独特经历，讲课非常精彩、独具魅力。2010 年 7 月她的授课视频被复旦大学学生传上网络之后，便受到众多学生的关注与喜爱，很多学生因为对她的崇拜增强了学习的信心与动力。

二是思维深刻性增强。随着新媒体时代的到来，各种信息工具相继出现，信息的传播也日益全球化、高效化，这不仅大大缩短了大学生与外界的距离，也使得他们拥有一个广阔的平台方便快捷地收集信息。加之新媒体上的信息具有传播速度快、信息储备量大、使用资料方便等优点，不仅使大学生的思维得到了前所未有的自由空间，也培养了大学生活跃的世界观，使他们思维的高度、广度与深度都随之增加，当然，这些浅显而广泛的信息获取带来了视觉和知觉的满足，也促使大学生养成了积极探索和深思的习惯，用训练有素的思维

力看待问题。

三是思维的创新性增强。新媒体对大学生思维的创新性影响主要有两个方面。一方面是思维联想的主动性增强，另一方面是思维联想的速度加快。对思维联想的主动性而言，在传统学习中，教师一直是作为知识的传授者与灌输者，正所谓："师者，所以传道授业解惑也。"然而，新媒体的出现改变了这种固定了几千年的学生只能依靠书本和老师传授的学习模式。教师成了学生学习中的引导者、组织者，学生不再是传统模式中接受知识的被动者，而是主动接收、学习新知识的个体，他是出于自身的求知欲而积极地在获取新鲜事物。教师和学生之间角色的转变，也让学生的思维方式发生转变，主动去思考、主动去创新，使创新思维变成他们的一种本能反应，创新的主动性进一步增强。另一方面是思维联想的速度加快。在传统的学习中，知识的传播与更新以印刷形式为主。而这种方式的信息更新速度很慢，很多知识在传递的过程中已经陈旧，跟不上时代的脚步。而在以网络为代表的新媒体出现之后，学习资源更新和修改周期变短，传递信息速度加快，学习资料和信息时时处于动态变化之中，及时地反映了世界各个领域的最新发展动态，对大学生思维的直接影响即联想速度变快。

四是思维的批判性增强。尽管当代的大学生生活在一个信息化的年代，但是从小接受应试教育的他们在思维的各方面很难做到像素质教育下的学生那样灵活而全面。由于大多数学生从小在老师和家长的控制下被动地接受各种书本上的知识，而实际上中小学阶段书本上的内容远远无法满足一个需要全面发展的学生，因此，许多大学生即使进入了大学校园，思维方式依旧简单而主观，缺乏理性。而新媒体，给予了大学生一个良好的学习平台。在接触了大量来自网络或其他媒体形式的信息后，大学生接受了诸多来自他人的观点和思想，有些甚至是来自于完全和我们不同的文化环境的观念，大学生逐渐发现了自己思维水平的落后，也充分认识到了这个世界还存在着各种多元的文化和思想。基于对内在自身和外在世界的重新认识，大学生在一步步完善自己的思维方式，学会更加客观理性地认识自己，学会理解接受不同。

第四章　大学生思想政治教育理念与原则的创新

新媒体时代大学生的思想状况、思维方式以及行为举止等均深深地烙上了时代的印迹。一方面，互联网作为当代大学生社会交往、学习、生活的主要方式已是不容争辩的事实。由此而带来的积极的、消极的各种因素也在时刻影响着大学生的思想状况及行为举止。另一方面，新媒体时代信息传播迅速，大学生接收信息的途径多种多样，而缺乏足够辨别是非能力、不能正确树立价值观的大学生极易受到当今社会上各类信息的影响，从而左右个人的思想和行为。

第一节　大学生思想政治教育理念的创新

一、新媒体背景下高校大学生思想状况

（一）新媒体在大学生中的广泛应用

在众多的新媒体内容形态中，大学生普遍使用的是网络媒体和手机媒体。中国互联网络信息中心于 2016 年 1 月发布《第 37 次中国互联网络发展状况》统计报告中提到，目前互联网和手机是高校大学生接触频次最高的媒体。近 100% 的大学接触过互联网，而国内网络普及率是 50.3%，这显然高出了国内网络普及率；截至 2015 年 12 月底，我国的网民数量是 6.88 亿，一年之内网民的数量增加了 3951 万人，较 2014 年底提升了 2.4 个百分点。以 2015 年 12 月底为截止同期，我国手机网民的数量是 6.2 亿，与 2014 年年底相比，增加了约 6303 万人，使用手机上网的人群由上一年年底的 85.8% 提高到 90.1%；网民的主体为 30 岁以下的年轻人，这个群体占到网民总数的 51.3%。在互联网普及率方面，高中和大专以上学历人群占据较大的比例，特别是大专以上学

历人群上网比例接近饱和。由此可以看出，网络技术、手机移动技术的飞速发展，其强大的便捷性、即时性的特点，使他们在新媒体发展中迅速脱颖而出，手机媒体的使用，更是成为当代大学生生活中不可或缺的一部分，对大学生的生活方式产生了重要的影响。相比社会中的其他群体，大学生具备一定的知识水平，对于新的媒介技术的应用和操作具有较强的学习能力和较高的熟练程度。

在学习中，大学生可以通过网络来查找学习资料，查找过程方便、快捷。如若在学习中遇到了疑惑难题，这时百度、Google 等搜索引擎就成了主要使用工具；在生活中，用手机信息、QQ、MSN、微信与同学朋友聊天，则成为众多同学业余生活的重要组成部分；而逛微博、上淘宝网俨然成为大多数学生周末休闲的一部分；到了寒暑假的假期时间，网上订票更是大学生们购票的首选。各种新媒体进入校园虽然只有短短的十几年，但无论是在深度和广度上，早成为大学生生活中很重要的一部分，越来越多的大学生已经与各种新媒体有了越来越密切的关系。

在以交友为主的各大网站中，目前大学生使用较多的有 QQ、微信、MSN、雅虎通、网易泡泡、新浪 UC、ICQ 等。调查表明，99% 的学生有 QQ 号码，90% 以上的学生使用 QQ。这充分说明了新媒体交往方式的虚拟性，已经成了主要的交往方式，也成为大学生娱乐休闲、保持人际关系、学习知识、了解世界的新平台。在未来，新媒体将会更加深刻地嵌入人们的生活、学习、工作中，使大学生在政治思想、伦理道德、法治观念等方面发生新的变化，并且产生越来越深刻的影响。

(二) 新媒体对大学生发展的影响

随着物质水平和精神水平的不断提高，单一接收信息的方式越来越无法满足受众的需要，于是在经历了报纸、广播、电视的发展创新以后，互联网以其文字、音频、视频复合型的"富媒体"传播，引领着传播媒体进入崭新的发展格局。新媒体以其多样、快捷的诸多优势占领着现代人生活的制高点，给人们的生活带来了深刻的影响。其中，使用新媒体最为广泛、活跃的力量之一便是大学生，他们青春活力，他们朝气蓬勃，他们的世界观、人生观、价值观最终形成的重要阶段就是大学阶段。其间，他们对各种新鲜事物都充满了好奇，不断地探索、追求新事物，并且具有相应的接受新事物的能力，于是新媒体的使用便对大学生的日常生活、伦理道德、法制观念等方面产生了重大而深远的影响。

在形式多样的新媒体中，互联网技术和手机媒体技术成为当下对大学生生活影响最大的两种新媒体，它们是以数字化为代表的新媒体的领军者，大学生则成了领军者中的最先体验者，在给大学生的学习方式、交往方式带来新的冲击时，也使其整个受教育的过程被新媒体时代所冠名。新媒体的诸多特点如开放性、自由性和互动性等，使生活在其中的青年一代尤其是大学生的生活和传统媒体时代相比，发生了翻天覆地的变化。

1. 新媒体对大学生日常生活的影响

（1）虚拟性与现实性并存的交往方式

网络的产生与发展，为人类带来了一个全新的世界，由此也产生了许多新的媒体形式。当 E-mail、QQ、微信、博客、微博等在大学生中得到广泛应用之时，他们人际交往的方式发生了相应的改变。新媒体具有较为开放的舆论环境，这是传统媒体所无法比拟的。开放性和自由性的特点，也使大学生们在这里能够无拘无束，畅所欲言，追求自由、张扬个性便成为他们最真实的标签。匿名性的特殊优势，则成为新媒体吸引大学生的独特之处。在具有匿名性的环境下，大学生们可以自由地表达思想观点，外界的干扰与限制则无须顾忌，一跃成为信息的传播者与主导者。这样，就形成了彼此既相互联系又相互分割的生活领域，即虚拟世界与现实世界。

生活在虚拟的空间里，大学生们一方面可以发泄自己的情绪，抒发自己的情感，表达自己的见解，用更为开放、更为平等的话语权来解决自己在物质上和精神上的问题。另一方面虚拟空间的匿名性使得部分大学生认为自己可以不受现实道德和法律的约束，能够恣意妄为，将不良行为发生后需要承担的社会责任抛之脑后；还有一小部分大学生日趋沉溺于虚拟世界，身陷其中却不能自拔，虚拟性占据了整个心灵，总是不自觉地将网络世界的虚拟性带入现实世界中，使现实生活中的人际交往产生了疏离反应，结果导致了人际关系的淡漠，这样很容易产生身体上和心理上的诸多疾病。

在新媒体大放异彩的当今社会，以现实世界为基础的虚拟世界不断发展壮大，这对于现实世界来说，不仅仅是一种威胁，对大学生自身亦是一种危险。因此，大学阶段的思想政治教育要将虚拟与现实的复杂关系正确处理好，要做到人的虚实和谐发展。只有正确看待了虚拟与现实的关系，处理好了虚拟世界与现实世界之间存在的问题，最终才能实现人的全面和谐发展。

（2）多样性与依赖性并存的学习方式

生活在新媒体的时代里，新媒体技术以其广泛性、快捷性的优势渗透于社会中的多个领域，教育领域就是其中之一。对于人学生来讲，新媒体的广泛应用，极大地扩展了他们获取知识的渠道，增加了其知识储备的容量，并且能够帮助大学生在最短的时间内获得最丰富的学科领域知识与前沿信息，提高学习的效率、开阔学生的视野，也拓展了学生的知识面；对于大学本身来讲，新媒体的广泛应用，改变了传统的教学模式，使教学方式变得多样化、灵活化，并且具有极强的针对性。互联网自身所具有的开放性、交互性和虚拟性的特点，使受教育者在教育活动中的主体地位得到了提升，在互联网技术的支撑下，他们可以不断发展、扩大自身的文化空间，在选择权上具有了主动性和自觉性，创造出一系列独特鲜活的网络话语体系，教育模式开始走向平等化。在这种模式关系中，教育者可以不断丰富其教学方式，不仅可以摆脱实体课堂的限制，而且还能达到资源共享的效果；教育者可以将与授课内容相关的所有知识通过网络进行资源共享，将其用图片、声音、文字相结合的"富媒体"表现出来，既直观、又形象，使受教育者不但能够自主学习，还能培养学习兴趣、提高学习效率，并且取之所长、补之所短，量体裁衣。

新媒体技术的不断发展使得大学生的学习方式变得多样化，然而在带来许多便捷的同时，也使部分学生对其产生了依赖性。凡事过于依赖网络的资源共享，缺乏个体的主动思考精神；使用基本的复制粘贴技术，就能轻松地完成一篇作业。如此一来，容易使大学生产生学习上的倦怠，对互联网的依赖性增强。因此，对于新媒体技术带来的学习方式上的改变，大学生思想政治教育者要辩证地看待它，在有效利用的同时，也要减少大学生对新媒体的依赖，使新媒体真正成为教学过程中的有力工具。

2. 新媒体对大学生政治思想的影响

大学生政治思想的形成，一般与他们所能接受到的信息有直接关系，这些信息有的来自于书本，有的来自于媒体。在我国，任何人从入学那一天起，接受的都是马克思主义教育，在长期的学习过程中使他们接受马克思主义，并用马克思主义的立场、观点和方法解决问题。在新媒体环境中，各种各样的政治学说、政治观点纷至沓来，在开阔大学生视野的同时，也对大学生长期培养起来的政治立场提出了挑战。

新媒体的发展伴随着大学生的成长，成长的过程中出现了形形色色的主义、思想和信仰，它们打破了马克思主义政治信仰的"一元化"局面，使大学生在世界观、人生观、价值观形成的重要阶段产生了政治信仰的分化，这种分化最主要的表现为共产主义信仰的弱化。共产主义信仰是我国社会的主流意识形态，主要以说教的形式向学生讲授，单调的传播方式容易使一部分大学生对主流意识形态感到反感，反而去追求新鲜、陌生的思想，将其作为政治信仰，如物质主义、拜金主义、功利主义、享乐主义等。对于大学生来说，新媒体被使用最多的功能便是娱乐，无限的资源、海量的信息让大学生沉醉其中，乐此不疲，例如不同种类的聊天工具、数字咨询、网络游戏等，它们与据了大学生大部分的日常生活，结果导致大学生政治敏锐性降低、政治热情淡漠。因此，使用新媒体要坚持适度原则，不要让其成为危害大学生政治思想的幕后推手。

3. 新媒体对大学生思想观念的影响

大学的生活丰富多彩，及时地了解国内外发生的重大时政要闻，关注政府的各项重大政策措施，成为大学生日常生活的一部分。对于大学生来说，可以通过登录如人民网、新华网等这些主流网站，也可以订阅手机报如人民日报、新华日报等，来不断加强自身对中国特色社会主义核心价值体系的学习，对党的重大会议精神的学习；也可以通过浏览微博，了解国内外发生的重大事件，以及围绕在身边的家长里短。接收信息的广泛性、多样性，使大学生的思想观念也趋于多化。

一方面，新媒体的出现丰富了大学生思想政治教育的内容，在传播信息和接收信息的过程中，实现了教育者和受教育者的平等互动，增强了大学生思想政治教育的时效性和针对性。在传统媒体占据主导地位的时期里，国家对电视、广播、杂志和报纸等这些主流媒体，采取监督管理的制度，这些媒体始终都是党和政府的耳目喉舌，宣扬社会主义主流价值观念和中华民族优秀的传统文化，传播形式都是单一的"一对多"，将其应用在思想政治教育领域，则是课堂上教育者一人的爱国主义讲述，或者是简单枯燥的先进个人事迹的报告会。但是在新媒体的环境里，网络社会开放性、自由性和双向性的特点，给人际交往带来了广泛性，不同心理、不同文化、不同社会之间的障碍也一一被打破，即时通讯可以使人们自由地，不受时间、空间以及地域的限制而进行交流。

例如，感动中国 2012 年度人物颁奖典礼的播出，通过新媒体的传播之后，在网络上激起一股感动的暖流。节目播出之时，中国网络电视台同步播出了 2012 年感动中国颁奖典礼，利用全媒体平台进行宣传推进；在腾讯网、新浪等门户网站上，感动中国的专区被设置在了显著位置，通过文字、照片、视频等详细介绍了每个感动人物的故事，感动中国人物专题一天之内的点击量达到 180 万，腾讯微博搜索"2012 感动人物"的留言逼近 70 万；同时，感动中国的视频也在微信等新型通信工具中广为流传，一时间，道德春风吹遍中国大地。如今，无论你身在何方，一条需要帮助的微博一经发布，便会得到成千上万网友们的关注，浓浓爱心最后汇成爱的河流，一人的绵薄之力最后凝结成巨大的能量，去帮助那些身陷困境中的人们，彰显了我们国家大爱无私、友爱奉献的传统美德。从这一点上来说，新媒体对大学生思想观念的影响，比传统媒体更加无声细腻。

4. 新媒体对大学生道德行为的影响

新媒体的独领风骚，使大学生一代的道德价值观发生了很大的变化。随着我国社会主义市场经济的不断发展，大学生的物质意识也随之不断增强，在新媒体实时交互的基础上，可以广泛地交流各种道德价值观，然后做出符合时代要求并适合自身发展的道德认识，进而产生不再中规中矩的道德行为。这些都说明了大学生的道德价值认知由绝对单一型转向了相对多元化，在追求自我价值的同时，也强调利中求变。然而，鲜花与陷阱总是同时存在的。新媒体在使大学生道德观念得到丰富和发展之时，许多错误、腐朽、落后的信息，影响了大学生树立正确的道德观念。

一方面，大量极端、错误、负面的思想观念，严重削弱了大学生对主流意识形态的认同感，产生了多种形态的价值观，例如功利主义、利己主义、极端主义等；另一方面，对我国传统的道德认知和道德追求，表现得冷淡麻木。他们认为以前的道德标准早已陈旧，已经不能适应当代社会前进的需要，于是他们追求自我，时刻以自我为中心，崇尚物质生活，强调利己主义；对于崇高的理想信念，始终认为遥远缥缈，事不关己，缺乏追求美好事物的动力。最后，随着传播方式日益公开化、透明化，社会主义建设过程中隐藏的矛盾与弊端逐渐显现，许多社会发展中存在的问题被媒体曝光，对于这些信息，大学生容易产生极端主义倾向，认为社会主义在中国的发展没有未来，前途未卜，过分地去关注社会中存在的黑暗，却没有看到社会主义给中国的发展带来前所未有的生机与成就，道德认知极端化。

5. 新媒体对大学生法制观念的影响

互联网丰富了大学生的学习资源，它打破了学习上的时空限制，拓宽了学习渠道，方便了大学生对法律知识的学习，也强化了学校法治教育的时效性。但是，网络世界的无序和混乱也是现实社会无可比拟的，良莠不齐的信息到处可见，各种利益诱惑肆意蔓延，大学生的法制环境变得十分复杂。在网络中，任何人都可以根据自己的兴趣爱好，来伪装自己的身份；在网上说任何话、做任何事一般都可以不用承担责任与义务，这就在一定程度上弱化了大学生的法律意识与社会责任，从而导致网络犯罪的产生。近年来，在众多的网络违法犯罪案件中，大学生所占的比例日渐增多。其中，网络诈骗、网络色情犯罪、网络诽谤等案件，时有发生。这些犯罪行为的发生，揭示了当前大学生在法制观念方面存在的问题。没有基本的法律素养，缺乏法律基础知识，网络的虚拟性也使他们进入了法律的误区，致使他们在网络中放纵自己的行为，以为网上的一切活动都不用受到法律的约束，于是在网络中为所欲为。

"以理想信念教育为核心，深入进行树立正确的世界观、人生观和价值观教育；以爱国主义教育为重点，深入进行弘扬和培育民族精神教育；以基本道德规范为基础，深入进行公民道德教育；以大学生全面发展为目标，深入进行素质教育"，这是新时期加强和改进大学生思想政治教育的主要任务。在新媒体不断发展的时代背景下，高校思想政治教育者应该看到大学生思想政治教育与新媒体的密切联系，在有效利用新媒体的同时，不断进行大学生思想政治教育的方法创新，提高大学生思想政治教育的水平。

二、新媒体下高校大学生思想政治教育现状

从特定意义上讲，互联网时代最能体现新媒体时代的时代性与现代性特征。大学生是中国互联网最大的网民群体，网络日益成为他们学习、交流、生活的重要组成部分，互联网环境从学习活动、社会交往和文化生活等各个方面对大学生的行为模式、价值取向、政治态度、心理发展、道德观念产生着潜移默化的影响。

新媒体时代，大学生已经成为互联网使用的主力军；而校园网络媒介也已经是当今时代学生们学习的一种重要工具，网络已经成为大学生学习、交流、生活以及成长的重要组成部分。为此，中共中央、国务院《关于进一步加强和改进大学生思想政治教育的意见》提出，高等学校要"主动占领网络思想政治教育新阵地。要全面加强校园网的建设，使网络成为弘扬主旋律、开展思想政治教育的重要手段。要利用校园网为大学生学习、生活提供服务，对大学生进行教育和引导，不断拓展大学生思想政治教育的渠道和空间。要建设好融思想性、知识性、趣味性、服务性于一体的主题教育网站和网页，积极开展生动活泼的网络思想政治教育活动，形成网上网下思想政治教育的合力。要密切关注网上动态，了解大学生思想状况，加强同大学生的沟通与交流，及时回答和解决大学生提出的问题。要运用技术、行政和法律手段，加强校园网的管理，严防各种有害信息在网上传播。加强网络思想政治教育队伍建设，形成网络思想政治教育工作体系，牢牢把握网络思想政治教育主动权。"

因此，深入研究和把握信息网络条件下大学生思想政治教育的现状，主动分析形成这一现状的原因，是当前加强和改进大学生思想政治教育的一个重要方面。

（一）新媒体背景下高校大学生政治思想状况

新媒体时代大学生的思想状况、思维方式以及行为举止等均深深地烙上了时代的印迹。一方面，互联网作为当代大学生社会交往、学习、生活的主要方式已是不容争辩的事实。由此而带来的积极的、消极的各种因素也在时刻影响

着大学生的思想状况及行为举止；另一方面，新媒体时代信息传播迅速，大学生接收信息的途径多种多样，而缺乏足够辨别是非能力、不能正确树立价值观的大学生极易受到当今社会上各类信息的影响，从而左右个人的思想和行为。

1. 追求自由个性

当代的大学生，年龄接近 90 后或者是 90 后的居多，他们这一代是个性最为张扬的一代，也是自由意识最为突出的一代，而新媒体拥有海量信息，大学生可以不受时空限制，根据自我喜好自由选择想要的信息，此外，大学生不仅是信息的输入者，而且是信息的输出者，在新媒体的虚拟平台上，他们自由参与信息的传播，收获了在现实世界中无法获得的言论自由表达机会，得到了在现实世界中所无法获得的所谓的"理解"与"信任"，促使他们十分依赖于新媒体，特别是随着网络聊天及移动互联网通讯的普及，新媒体或显性或隐性地影响着当代大学生自由个性的形成与发展已是一个显著的现实。另一方面，由于对新媒体的依赖逐渐转变为信任，这反而更加刺激了当代大学生对自己自由个性的认可与追求，最终造成了当代大学生追求自由个性这样一个明显的思想状况。这也是新媒体对大学生思想方面最为明显的影响。

2. 重视虚拟沟通

从概念上理解，新媒体跨越时空界限，已经成为一个自成体系的虚拟媒体空间，因此，广大受众的生活中便存在着现实与虚拟这两种生存空间。论坛、邮箱、QQ、微博、微信等新媒体形式为当前大学生的人际交往带来了更为便利、轻松的手段和途径。在新媒体的虚拟媒体空间中，多方的交流对个人言论自由及隐私的保护起到了一定作用，在一定程度上打消了人们的思想顾虑，从而也有利于更好地传递思想交流情感，因此，网络成为大学生表达所思所想和倾诉自我心声的理想平台，他们渴望通过即时的交流来充分表达自己的意愿和想法，获得他人的认可和尊重，同时希望与思想政治教育者尤其是辅导员老师和学校管理层平等对话，解决自身面临的实际问题。因此，重视虚拟沟通已经是新媒体时代的一个现状。

3. 价值观念趋于多元化

新媒体诞生发展后，校园信息化在一定程度上处于一种时间空间无屏障的状态，信息的发布和运用较之以往更加自由，存在较大的不确定性和不可控性，一些腐朽落后乃至违背社会公德的信息大肆传播。由于大学生的价值观体系尚未完全成熟，缺乏理性判断能力，因此，一旦有来自外界消极信息的干扰乃至渗透，一部分大学生便容易出现主流价值观混乱、价值观主体自由化、理想信念倒退等问题，从而使得高校思想政治教育的前期效果无功而返。大学时期正值人生观、价值观形成的关键时期，其思想的可塑性很强，新媒体信息来源的多元化，打破了传统媒体时代大多由老师、家长以及主导媒体的话语权威，形成了大学生价值选择的多元化特征。因此，在新媒体环境下，大学生价值观的形成较传统媒体条件下会更加复杂，这也给高校大学生思想政治教育带来了困难与挑战。

（二）新媒体背景下高校大学生思想政治教育存在的问题

新媒体时代下，当今社会环境因素与新媒体技术的双重影响，造就了当代大学生思想政治教育存在一些问题，主要体现在教育内容不具备针对性、教育载体滞后以及教育主体的优势地位受到挑战等这些方面。

1. 教育内容缺乏针对性

传统的大学生思想政治教育与大学生思想实际不贴近，在紧扣大学生生活学习方面尚有欠缺，实效性及针对性匮乏，感召力和吸引力也不强。长期以来，思想政治教育工作习惯于提要求和灌输，但从学生思想实际和学习生活实际出发解决问题比较欠缺。当代大学生面临学习、心理、权益、就业等诸多问题，相当多的学生承受着来自学习、就业、经济、人际交往等方面的压力，许多社会问题在他们身上也都有所反映，一些学生感到迷茫、压抑、焦虑，进而产生许多心理问题。故仅仅从思想方面提要求往往无助于解决一些具体问题，这使得学生感到思想政治教育工作不能适应当今社会的实际和大学生自身的实际。

在传统大学生思想政治教育中，由于教育对象的思想动态与新媒体时代具有显著的同步性，因此教育内容的单一性已经完全不适应当代大学生追求自由与多样的时代需要。此外，面对虚拟空间中大学生层出不穷的新的心理问题，传统思想政治教育只是简单地搬用以往的教育内容和教育方式，并未能设计出更有针对性的新举措。由于当代的大学生是生活在新媒体时代这个大社会环境之中的，其所受到的教育自然要针对现实环境，顺应时代的需要，从而使学生具有明辨是非的能力，进而能适应现实社会的能力。而事实上由于种种原因，目前大学生思想政治教育的现状却并非如此。主要原因可归结于，传统思想政治教育在内容方面缺乏针对性，作为当代的思想政治教育者，理应在思想理念及教育水平两方面做到与时俱进，根据新媒体时代大学生新出现的思想状况及时调整教育内容，以提升教育的针对性和实效性。

2. 教育载体存在滞后性

传统的大学生思想政治教育载体主要包括课堂教学、班团活动、社会实践、校园文化、集体班会等活动，这在当时的时代背景下显现出了其实用性。但伴随新媒体技术的进步及广泛应用，许多思想政治教育者已尝试开始采用新媒体形式展开大学生思想政治教育工作，例如开设思想政治教育主题论坛，设立思想政治教育网络社区主页，开发移动互联网平台等等，这些载体形式对促进大学生思想政治教育的发展起到了一定作用，然而，许多高校思想政治教育的教育者、管理者的教育理念还偏于保守，偏爱的仍是思想政治教育的传统载体形式，他们习惯于使用传统教育手段，对新媒体技术发展的益处与前景认识不清，改革教育形式的自身动力不足，这便直接导致思想政治教育的载体选择实际上并无法充分满足当代大学生的需求，教育载体存在明显的滞后性，这在一定程度上弱化了当代大学生思想政治教育的实际效果。

三、大学生思想政治教育内容

（一）大学生思想政治教育内容体系的构建要求

思想政治教育的内容，就是根据一定的社会要求，针对受教育者的思想实际，经教育者选择设计后有目的、有步骤地输送给受教育者的一切信息。思想政治教育内容是一个集合概念，它是政治教育、思想教育、道德教育、法纪教育、心理教育相互联系、互相渗透、互为条件、互为制约构成的统一体。作为思想政治教育"血液"的教育内容，规定思想政治教育涉及的范围和性质，蕴涵着思想政治教育的目的和任务，是思想政治教育目标的具体化，是教育主体和教育客体互动的中介，是开展思想政治教育活动的依据。构建大学生思想政治教育内容体系，就是根据大学生思想政治教育的目标要求，对构成大学生思想政治教育内容体系的各要素进行合理配置，使之相互衔接、彼此渗透，以实现诸内容的有机整合及协调发展。

构建大学生思想政治教育内容体系的总体要求是以马列主义、毛泽东思想、中国特色社会主义理论体系为指导，汲取中国优秀传统思想文化的精华，吸收当今世界先进思想文化之精粹，吸纳在建设中国特色社会主义伟大实践中所创造的先进思想文化成果，体现思想政治教育内容的导向性、科学性、系统性、时代性。

1. 必须坚持导向性

大学生思想政治教育明确体现出社会发展和人的发展的目标指向性或价值取向性，即鲜明的导向性。这种导向性在阶级社会中集中表现为阶级性、目的性、先进性，是一个党、国家和民族对其成员实施思想政治教育时在思想、政治、道德、心理诸多素质方面的要求。首先，大学生思想政治教育的内容总是要反映一定社会的经济政治要求，为一定社会制度所制约。思想政治教育的基本属性是思想性和政治性，在我国表现为无产阶级的思想理论性、意识形态性和阶级性。大学生思想政治教育在目标导向、价值取向、教育倾向等方面具有鲜明的阶级性。我国是社会主义国家，必然要求教育为社会主义服务，为社会主义事业培养合格建设者和可靠接班人。其次，大学生思想政治教育的内容受教育目标的引导。思想政治教育目标是整个教育目标的重要组成部分，是思想政治教育过程的起点和归宿，它概括了时代对受教育者的要求，规定了人在思想政治品德方面的发展方向，预示着教育的方向和结果，在整个思想政治教育中起着导向、激励、调控作用。大学生思想政治教育的目标反映了社会对受教育者在政治、思想、道德、法纪、心理、审美等方面素质的全面要求，是对教育活动预期结果的一种价值限定和观念化设定，蕴涵着理想中的思想政治教育价值追求，体现出鲜明的阶级性、民族性、现实性、时代性和前瞻性等特征。

坚持导向性原则，要求在构建思想政治教育内容体系时，要坚持以马克思列宁主义、毛泽东思想、中国特色社会主义理论体系为指导。因为马克思主义是关于自然、社会和人类思维发展的普遍规律的科学，是最先进的科学世界观，是先进文化的科学结晶，是中国共产党、工人阶级和劳动群众认识世界、改造世界的指导思想和行动指南；毛泽东思想是马克思主义同中国实际相结合的产物，是马克思主义中国化的基础成果；中国特色社会主义理论体系是马克思主义同当代中国实际相结合的产物，是马克思主义中国化的最新成果。坚持以马克思主义为指导，才能明确思想政治教育的历史使命，通晓思想政治教育的发展规律，校正思想政治教育的前进方向，掌握思想政治教育的科学方法。大学生思想政治教育内容体系，既要坚持以马克思主义为指导，又要充分体现马克思主义的基本理论、基本原理，把马克思主义理论作为大学生思想政治教育的核心内容，保证所灌输的思想、理念、观点等符合马克思主义的基本原理和党的路线方针政策。构建能够引导大学生树立建设中国特色社会主义的共同理想和坚定信念，树立正确的世界观、人生观和价值观，促进大学生全面发展的先进内容。

2. 必须坚持科学性

科学性是指真理性、可靠性、合理性、有效性。科学性要求在构建大学生思想政治教育内容体系时，要以批判精神和扬弃态度广泛吸收一切人类文明的先进成果，使教育内容成为开放式体系。

一是要汲取中国优秀传统思想文化的精华。中华民族在几千年的发展史中，形成了优秀的文化积淀，主要体现为以爱国主义为核心的团结统一、爱好和平、勤劳勇敢、自强不息的伟大民族精神。这种民族精神既包括中华民族优良传统，也包括党领导人民在长期的革命和建设中形成的井冈山精神、延安精神、雷锋精神和今天的航天精神。以民族精神为核心的民族优秀传统文化是综合国力的重要组成部分，具有很强的教育教化功能，对本民族成员能起到感染、教育和影响作用，是思想政治教育的宝贵财富。要积极汲取中国优秀传统思想文化的精华，丰富大学生思想政治教育的内容体系，使大学生成为民族精神的传承者和实践者。

二是吸收当今世界先进思想文化之精粹。就是实行开放战略，批判地吸收其他国家和民族的优秀文化成果。思想、文化具有包容性，世界各国人民在改造客观世界的同时，创造了丰富灿烂的精神文化，形成了人类文明成果。历史发展证明，一个国家、民族的文化精神发展总是在与其他国家、民族的经济联系和文化交流中吸取营养，不断丰富自身内涵。汉唐盛世的经济发展和文化繁荣就是明证，闭关锁国的文化壁垒主义是行不通的。特别是近代以来，各国、各民族之间的交流影响已经成为民族精神发展的重要途径。当前，经济全球化进程不断加快，以信息为载体的各种文化和思潮在全球范围广泛传播。我们要利用这种机会，在构建大学生思想政治教育内容体系时，学习和借鉴世界各国包括资本主义国家所创造的一切文明成果，广泛吸收世界各民族的思想文化长处，使教育内容体系在民族性的基础上，形成开放性特色。

3. 必须坚持系统性

所谓内容的系统性，一是指大学生思想政治教育内容是系统的、完整的，而不是零碎的、有缺损的，这些内容能够形成一个相对严密完整的科学体系；二是指这些内容之间有着非常紧密的内在联系，互相影响、互相支持、互相补充，共同作用于思想政治教育目标的实现。系统的大学生思想政治教育内容，包括内容的全面性、协调性、连续性和发展性。教育内容的全面性是指大学生思想政治教育的内容既包括政治教育、思想教育、道德教育，又包括法纪教育和心理教育；既包括系统的理论教育内容，又包括实践方面的教育内容；既包括"应然"的教育内容，又包括"实然"的教育内容。教育内容的协调性是指思想政治教育内容诸要素相互关联、互动有序，要求教育者遵循教育规律，由浅入深，逐层递进，整体协调，如小学—中学—大学思想政治教育的有机协调、学校教育与社会教育的有机协调、理论教育与实践教育的有机协调、教育与自我教育的有机协调等。教育内容的连续性是指教育内容是渐进的、有序的、上升的，而不是突变的、无序的、跌落的。教育内容的发展性是指要适应现代社会发展和人的发展的需要，不断调整、充实、深化、更新思想政治教育的内容。

总之，大学生思想政治教育所涉及的内容极其广泛，需要经过一个选择、建构及整合的过程。在大学生思想政治教育内容的选择和设计上，既要注重内容在空间上的拓展，又要加强其自身要素的优化；既要注意内容结构内部要素的相对独立，又要注意各要素之间的融合与协调发展，充分考虑内容结构的序列性和完整性、渐进性和层次性，还要适应社会经济、政治、文化发展的需要。

4. 必须坚持时代性

坚持时代性的原则，要求思想政治教育内容必须与时俱进，吸纳在建设中国特色社会主义伟大实践中创造的先进思想文化新成就，跟上时代发展的步伐，保持先进性。

马克思、恩格斯指出："人们的观念、观点和概念，一句话，人们的意识，随着人们的生活条件、人们的社会关系、人们的社会存在的改变而改变"。大学生思想政治教育的内容不是一成不变的，在不同的时代条件、实践水平和科学发展的基础上，也是有变化的。紧紧把握时代脉搏，不断赋予大学生思想政治教育以鲜明的时代特征、时代内容和时代风格，是其富有生机与活力的关键所在。首先，时代性要求大学生思想政治教育内容富有时代感；大学生思想政治教育要把握时代主题，顺应时代要求，解答时代课题，体现时代精神，不断拓宽教育领域，倡导符合时代要求的现代思想和观念，注意从时代变迁中提炼鲜活的教育资源，善于运用充满时代气息的思想和精神来教育、说服、激励大学生，向大学生传达新信息、传授新知识、传递新观念、传播新思想，使大学生思想政治教育内容富有时代感和可接受性。其次，时代性要求大学生思想政治教育内容注重现实性。要针对经济全球化、社会信息化和我国社会主义经济发展、改革开放、体制转型等国际国内条件发生深刻变化的实际，有针对性地融入全球化、信息化、市场化等重大现实内容，始终保持与时代的一致性，从而使大学生思想政治教育更具鲜活性和说服力。再次，时代性要求大学生思想政治教育内容增强针对性。大学生思想政治教育内容的针对性，主要是指教育内容要反映国内外的重大现实问题以及大学生的思想和实际问题，从大学生的思想实际和切身利益出发，及时对思想政治教育内容体系进行充实和调整，既要继承传统教育内容的精华，又要体现新时期对大学生素质的要求，注意增加一些具有大学生个体特殊性，能有效缓解其思想矛盾、心理冲突、情感困惑等问题的相关内容，使思想政治教育既解决方向原则问题，又解决个人现实问题，以满足大学生成长、成才、成就、成功的内在需要。

（二）以理想信念教育为核心，树立正确的世界观、人生观和价值观

理想是指人们在实践中形成的具有现实可能性的对未来的向往和追求。信念是人们在对真理的坚信与价值认同的基础上超越现实、超越自我、坚信未来美好结果的稳定的自我意识。理想和信念是人生的精神支柱和力量源泉，是人

们的世界观、人生观、价值观在奋斗目标上的集中体现。理想信念既是教育的内容，又是教育的结果。

理想信念教育是大学生思想政治教育的核心内容。我们要准确把握理想信念教育的科学内涵，把握现阶段大学生理想信念教育的重点：

1. 进行"四有"教育。"有理想、有道德、有文化、有纪律"：既是相统一的，又是有层次的。从其统一性来看，它是人的全面素质教育的综合反映，既包括思想道德素质教育，也包括科学文化素质教育；从其层次性来看，突出了思想政治教育的重要性，即突出了"有理想"的重要性。大学生做到"有理想"，就是要树立共产主义的远大理想和建设中国特色社会主义的共同理想。

2. 加强"四信"教育。大学生理想信念教育要紧紧围绕对马克思主义的信仰、对社会主义的信念、对改革开放和现代化建设的信心、对党的领导的信任这四个重大问题。信仰、信念、信心、信任四者之间既有区别，又有联系，是一个辩证统一体。当前，我国改革开放和社会主义现代化建设正处于攻坚阶段，世界社会主义运动又处于低潮，尤其需要突出"四信"教育，引导大学生正确认识社会主义发展的历史进程，从而坚定理想信念，增强前进信心。

3. 开展"四科"教育。即科学知识、科学思想、科学精神、科学方法的教育，普及科学知识，倡导科学方法，传播科学思想，弘扬科学精神。科学知识、科学方法、科学思想和科学精神是一个相互联系的整体。其中，科学知识是基础，科学思想和科学精神是灵魂，科学方法是实现科学思想、弘扬科学精神的基本途径。因此，加强理想信念教育，必须与加强科学知识、科学方法、科学思想、科学精神的教育融为一体，引导大学生学习科学知识，树立科学思想，掌握科学方法，培育科学精神，使大学生的理想信念牢固地建立在科学的基础之上。

第二节　大学生思想政治教育原则的创新

一、大学生思想政治教育改革创新的内容体系建构

大学生思想政治教育内容体系建构的改革创新，是大学生思想政治教育整体改革创新的核心，务必贴近高校实际，贴近学生实际，贴近新形势，这是大学生思想政治教育面临国际国内各种问题与挑战的必然选择和出路之一，具有

非常重要的理论意义和实践意义。"90后"大学生的思想观念发生了明显变化，国际国内的形势发生了明显变化，这是大学生思想政治教育内容体系建构改革创新的时代背景。大学生思想政治教育内容体系建构的改革，应当立足于全球化的大背景、大视野，真正将大学生思想政治教育的内容体系建构作为一个整体来研究，分析其困惑，探讨其出路。内容既要务实又要前沿，既是新形势下提高思想政治教育实效性的要求所在，又符合"90后"大学生的特点和需求，充分体现时代精神。尤其应当在内容体系建构的概述上、内容的学段衔接和内容的分项阐述上，做进一步地深化拓展，以提高大学生思想政治教育内容的科学性、主动性、针对性和实效性。

（一）大学生思想政治教育内容体系建构的含义

大学生思想政治教育内容体系建构，是指大学生思想政治教育的内容体系要围绕受教育主体意识及其主体能力的培养，将有形的思想政治教育内容与无形的思想政治教育内容相结合，通过各类教学活动、学术活动、校园文化、社会服务、政治教育、思想教育、道德教育、心理教育、法纪教育、个体发展创新教育等活动，以多种方式来传递社会价值观、道德观等。其主要内容则是以理想信念教育为核心，深入进行树立正确的世界观、人生观和价值观教育；以爱国主义教育为重点，深入进行民族精神教育；以基本道德规范为基础，深入进行公民道德教育；以大学生全面发展为目标，深入进行素质教育。新时期，我国大学生思想政治教育从广义上来讲最重要的一项内容就是从中国的历史进程，特别是近现代的历史进程中认识共产党好，社会主义好，改革开放好，从而坚定走中国特色社会主义道路的信念。从狭义上来讲就是"五要素说"，即政治教育、思想教育、道德教育、法纪教育和心理教育等五部分。"思想道德素质是一个综合性的范畴，由多种要素构成，包括政治素质、思想素质、道德法纪素质、心理素质等"，也就是要始终围绕大学生的身心发展，关注大学生主体的需要，构建以满足学生成长成才需要为核心的思想政治教育内容体系，把大学生的聪明才智正确地引导到报效祖国、振兴中华、实现中华民族的伟大复兴上来，确保中国特色社会主义事业兴旺发达、后继有人。侧重于思想政治、道德知识的基本结构，突出反映社会生活中的根本的、基础的、本质性的典型范例，坚持以社会主义理想人格教育为主导的原则，把教育的方向性、实践性、思想性和科学性统一起来，全面贯彻落实我国精神文明建设的指导思想、指导方针和根本任务。当前，还要突出和谐社会的理念教育、社会主义核心价值体系教育，以"五爱""三德"教育为基础，以社会主义、集体主义、爱国主义教育、社会责任感教育、艰苦创业精神教育为核心，以培养一代有理想、有道德、有文化、有纪律的社会主义现代化建设事业的接班人和建设者为基本目标。其中，培养学生的爱国热情和民族精神是大学生思想教育工作的灵魂，培养学生的集体意识和团结协作精神是大学生思想政治教育工作的侧重点。

（二）大学生思想政治教育内容体系建构的依据

大学生思想政治教育的内容是实现大学生思想政治教育目标的中介，深入研究和探明思想政治教育内容选择的依据，对实现大学生思想政治教育的科学性、主动性、针对性和实效性有重要意义。大学生思想政治教育内容体系的建构，必须解放思想，与时俱进，大胆创新，努力用理性的视角来审视和寻找切合实际的教育内容。大学生思想政治教育内容是一个涵盖面非常庞大的体系。在该内容体系构建时，我们必须牢牢把握思想政治教育目标、受教育者的思想实际和发展需要、社会的现实情况和发展规律等三方面的发展变化，使该体系发挥应有的功效。

1. 大学生思想政治教育目标

大学生思想政治教育目标是党和国家对大学生在政治素质、思想素质、道德素质、法纪素质、心理素质等方面应达到的规格要求，是大学生思想政治教育工作的出发点和归宿，是大学生思想政治教育体系的核心内容，也决定了大学生思想政治教育内容的确定和选择。大学生思想政治教育内容受大学生思想政治教育目标的决定、指导、调节、约束和控制作用，也是为实现大学生思想政治教育目标而服务的。

2. 大学生的思想实际和发展需要

大学生作为思想政治教育的对象，是有着独立思考能力、受动性和创造性的生命体，是多样性的。因此，大学生思想政治教育内容具体到每一个学生的思想品德培养，不能搞一刀切，一个模式、一套内容必然使思想政治教育因为缺乏针对性和层次性而丧失科学性和实效性。大学生思想政治教育应结合大学生的思想实际和特点，区别不同层次，实事求是地提出相应的要求，形成多层次相结合的内容结构体系。

3. 社会现实情况和发展规律

思想政治教育作为我国教育体系的一部分，它的存在、发展、改革和创新从来都不是孤立的，而总是为社会的经济、政治、文化发展需要服务的。大学生思想政治教育内容同样受不同社会制度、不同历史阶段、社会政治经济文化发展的现状、教育方针政策等的影响和制约。因此，思想政治教育内容视社会现实和发展情况而定。

二、大学生思想政治教育内容建构的原则

大学生思想政治教育内容是为保证学校的办学方向服务的，用什么样的原则建构大学生思想政治教育内容，关系到大学生思想政治教育的方向问题。高校思想教育内容的选择、整合、优化应当遵循一定的客观原则，以实现内容构建的科学性、主动性、针对性和实效性。当前，我国正处在改革的攻坚阶段和发展的关键时期。社会情况发生了复杂而深刻的变化，经济成分和经济利益多样化、社会生活方式多样化、社会组织形式多样化、就业岗位和就业方式多样化日趋明显，对大学生思想政治教育提出了新的挑战和考验。明确大学生思想政治教育内容体系建构的原则，对于坚持正确的导向，认识和把握思想道德教育理论和实践规律，发挥思想政治教育的积极作用具有重大意义。"坚持科学性与主体性相结合、整体性与层次性相结合、时代性与继承性相结合"是建构新时期大学生思想政治教育内容的三原则。大学生思想政治教育内容体系的建构原则，是思想政治教育内容一般性的体现，只有依据科学的原则，才能有效指导思想政治教育内容的不断创新。

（一）科学性与主体性相结合的原则

科学性，是指大学生思想政治教育内容构建应符合我国社会政治、经济、思想体系的要求，特别是应推动"政治"这一上层建筑的完善，表现出鲜明的方向性。科学性原则是大学生思想政治教育内容构建的首要原则，主要是把握内容的真理性和有效性。真理是人类在认识世界、改造世界过程中对事物客观规律准确反映的产物。追求真理是人类社会不断前进的重要推力。马克思主义是解放无产阶级和全人类的学说，揭示的是人类社会发展的普遍真理，是科学的世界观和方法论。大学生思想政治教育要实现引导和规范大学生思想行为的目的，用以实现该目的的思想政治教育内容应具有真理性，必须建立在马克思历史唯物主义和辩证唯物主义的基础上，符合马克思主义的基本原理、党的路线、方针、政策和客观实际的要求。背离真理原则，脱离社会发展的客观规律和要求，大学生思想政治教育内容就失去了现实意义和生命力，大学生的思想坐标就会偏离正确的方向。

主体性，是指大学生思想政治教育内容构建必须充分考虑受教育者个体发展的需要。高校思想政治的有效性是表现在所构建的内容要有利于在大学生身上引起预期的变化，形成预期的思想观念和行为。这就要求以内容的正确性和合理性为前提，充分重视价值性和实用性，既能反映教育目标的要求，又能在更深层面上解决学生关心的实际问题，真正体现思想政治教育的意义和作用。

（二）整体性与层次性相结合的原则

构建大学生思想政治教育内容时，既应考虑内容系统自身的完整性，又要确立人人都要遵守的较低层次的内容和具有导向性的高层次的内容，以适应不同教育对象和社会不同发展阶段的要求。

整体性原则是大学生思想政治教育内容建构要遵循的基础原则。大学生思想政治教育内容的整体建构，既包括理论内容建构的整体性，又包括实践内容实施的整体性。思想政治教育内容体系的建构，使丰富的内容在理论上构建成为一个有机整体。大学生思想政治教育的内容是由多方面的思想观念、思想准则、行为规范等有机结合而成的整体，但每一个方面又都是密切相关、相互作用和制约的，共同构成了一个开放的适应社会多方面需要的内容整体。在思想政治教育内容体系及其结构关系中。政治教育、思想教育、道德教育、法纪教育、心理教育诸内容具有不同的地位和作用，以政治教育、思想教育、道德教育、法纪教育、心理教育等五要素为主要内容的各要素间环环相扣，密切联系，并且由此派生了各种核心的、重要的、基础的教育内容，以及如科技伦理、网络伦理等拓展性、日常性、多样性的教育内容，都具有整体协调的性质。各内容间不是简单的拼凑和加减，而是在遵循教育规律的基础上，遵循社会发展要求，针对大学生的思想实际，做到由浅入深、由外到内、主次清晰、重点突出、整体协调、和谐运行产生综合的效果，从而使大学生思想政治教育的内容在整体上显示出特有的功效，能够大于各个内容的简单相加。

第五章　大学生思想政治教育目标、内容以及评估机制的创新

第一节　大学生思想政治教育目标的创新

党的思想政治教育的根本目的是为无产阶级解放事业服务，它在不同时期表现为不同的培养目标，而对培养目标的规定又展开为具体的目标模式。在革命战争年代，思想政治教育的目标是培养革命者，其具体模式以毛泽东为陕北公学的题词为代表；新中国成立后，思想政治教育的目标是培养无产阶级革命事业的接班人和社会主义事业建设者，其具体模式以毛泽东关于"两有"的表述为代表；在新时期，思想政治教育的目标是培养社会主义事业建设者和接班人，目标模式是邓小平提出的"四有"新人。这一目标模式的成熟形态具有全面性、重点性、层次性和总体性特点。江泽民在新形势下丰富发展了这一目标模式。胡锦涛在 2005 年初的全国加强和改进大学生思想政治教育工作会议上指出："培养什么人、如何培养人，是我国社会主义教育事业发展中必须解决好的根本问题。"这一目标模式的成熟形态具有全面性、重点性、层次性和总体性特点。

一、大学生思想政治教育目标应坚持的原则

（一）高校思想政治教育目标应遵循社会进步和个人发展辩证统一的原则

社会发展向人提供物质的、精神的发展条件，决定着人的发展；个人的发展依赖于社会发展，社会发展促进个人的发展。个人发展对社会发展具有促进作用，人本身的发展既是衡量社会进步的内在尺度，也是推动社会前进的内在动力。二者是一个双向同步的统一运动过程，统一的基础是社会发展。社会进

步和个人发展应该达到高度的一致性。基于这种高度的认识，高校思想政治教育的目标定位，应该同时满足社会发展和个人发展，达到社会性和个人性的统一。

无论社会还是人，都必须求发展，把发展放在首要位置这是无一例外的。社会发展与人的发展是不可分割的。任何社会的发展都以经济发展为基础，但社会发展不仅仅只是追求经济的增长，其根本目的应是追求人的发展，实现人的全面发展。人的全面而自由的发展是理想性、现实性和革命性的统一，它像一座灯塔，指引着社会发展和人的发展的道路与方向，它不只是一种理想目标，而且是一个现实的历史过程，是一个要经历诸多艰难曲折和革命性变革去逐步实现理想目标的现实发展过程。中国现在已经进入了共产主义社会的低级阶段——社会主义社会，而且在现阶段，中国社会的发展采取的主要对策是大力发展社会主义市场经济，这为人的发展开辟了广阔的前景；因此，要抓住机遇，更要自觉地创造条件，培育和塑造人应具有的素质与品质，逐步向未来共产主义社会人的全面而自由的发展迈进。个人发展与社会发展之间客观地存在着辩证统一性，这种辩证统一性是高校思想政治教育所遵循的。高校思想政治教育目标的制定应遵循从个人需要出发，又应从社会需要出发，只有这样才能既促进个体发展又促进社会发展，使个人发展与社会发展之间形成一个良性循环。否则，单从个人发展出发或单从社会发展出发，都只能适得其反。

为保证其方向的科学性和正确性，满足社会发展进步的需要，这必然要求高校的思想政治教育的目标定位适应并服从于社会主义物质文明和精神文明发展的要求。做到科学性和正确性，必须理解"内化"与"外化"。"内化"与"外化"是大学生思想品德形成过程中的两个阶段，这两个阶段互相交叉，互相转化。在这两个阶段，"内化"起着重要作用。大学生在接受思想政治教育后，提高了道德自觉，从而将外在的思想观念、道德规范、政治理念内化为自己的行为准则和道德良心，指导自己的活动行为，并形成自我监督的良性机制，最后完成个体整体素质的提升。在整个大学生思想政治教育活动中，思想政治教育内化占据着重要的地位。因为，我们进行思想政治教育，其目的就是要使社会所要求的思想观念、政治观点和道德规范转化为大学生自己的思想意识，并用以指导自己的行为活动，而这个过程正是内化活动过程。大学生思想政治品德的养成要求把社会习俗逐渐"内化"为大学生的思想观点、理想信念，然后把这种内在素质"外化"为行为习惯的过程。在这种由"内"而"外"的过程中，大学生的思想政治素养得以提升。"内化"和"外化"的过程必须是以大学生个性心理特征和成长规律以及心理状况为前提的，通过这种前提性的保障，进而达到社会进步的需要和个人发展的需要的辩证统一。只有这样才能保证高校思想政治教育的科学性，达到高效思想政治教育的目标。

（二）高校思想政治教育目标应遵循继承与借鉴有机结合的原则

一方面，实现高校思想政治教育目标需要遵循继承与借鉴相结合的原则，应继承发扬高校在历史上形成的优良学习传统、马克思主义的学风和富有成效的学习制度，借鉴国内外学习型组织建设方面具有普遍意义的规律性认识，吸取近年来各个高校进行思想政治教育工作建设实践中积累的好做法好经验。另一方面，要坚持解放思想、实事求是、与时俱进的工作思路，依据高校在新的历史时期、新的环境条件下学习目的、内容和组织形式的发展变化，不断有所发现、有所创新、有所突破。

横向借鉴，纵向继承。我党的一项重要的政治传统和政治优势，就是长期坚持不懈地开展思想政治教育。多年来，我们一方面在不断实践思想政治教育的内容，一方面不断积累经验，如正面灌输、实事求是、以身作则等，对于这些经验，我们不但不能放弃而且还要进一步继承和发扬，发挥它们在思想政治教育过程中的积极作用。思想政治教育并不是哪一个阶级的特殊行为和专利，而是一项普遍的社会实践活动，不仅我国现实需要，世界各国都存在。新媒体下高校思想政治教育工作表现出隐蔽性强的特点，基于这种认识，我们应该积极横向的借鉴不同高校甚至国外高校进行思想政治教育工作的经验，并以此为依据丰富我们的工作思路。

（三）高校思想政治教育目标应遵循教育与管理相一致的原则

教育与管理是反映思想政治教育与其重要性平行的系统管理之间相互关系的范畴。思想政治教育是思想政治教育者对受教育者施加有组织、有计划、有目的的思想政治影响的实践活动，它主要靠说服教育，启发人们的自觉认知。管理是组织运用经济、行政、纪律、法规等手段规范人们的行为，以维护正常的生活秩序的实践活动。它主要靠规范约束，带有强制性。管理与思想政治教育是两种不同的活动，二者性质不同，功能有异，二者之间有着密切联系。只有二者实现有机结合，才能显示思想政治工作的强大威力，保证各项工作顺利进行。

高校思想政治教育目标的制定一定要把握教育与管理的一致性。具体指一方面高校要把思想教育贯穿于各项规章制度和教育教学的落实过程之中；另一方面要把思想教育领先于各种错误思潮萌发之前；此外要把思想教育渗透到严格的学生管理之中。只有这样才能为高校思想政治教育工作提供精神动力和智力支持，同时也能顺利保障高校各项事业的顺利进行。

（四）高校思想政治教育目标应遵循针对性与实效性有机结合的原则

新媒体环境下加强思想政治教育要强化思想政治教育的针对性，切忌教条僵化和形式主义，增强实效性，做到有的放矢，坚持针对性与实效性相结合的原则。为适应新媒体环境下高校思想政治教育工作的要求，高校思想政治教育应着眼于为提高大学生思政能力服务，努力把提高大学生思政水平作为抓教育的出发点、落脚点。在制定高校思想政治教育计划时，要把思想政治教育放到高校全面建设的大局中来考量，把对上负责和对下负责统一起来，吃透上情，摸准下情，形成自己的教育特色。这种针对性体现在高校思想政治教育方针的针对性、高校思想政治教育内容选择的针对性、高校思想政治教育形式的针对性以及高校思想政治教育整体效能的针对性等方面。

高校思想政治教育工作的方法和手段应该做到与时俱进。在这一过程中，高校要针对新媒体环境条件下学生自主性和主体意识增强的特点，利用多平台，多载体，多方位，全方面实现高校思想政治教育的实效性，切实提高大学生的思想政治水平。

（五）高校思想政治教育目标应遵循思想政治教育与专业知识教育相结合的原则

赫尔巴特在"教育性教学"这一原则指出：德育过程应该贯穿于教育过程之中。新媒体环境下，高校思想政治教育应该注重两结合，一是注重将思想政治教育和专业教育相结合，发挥思想政治教育的辅助作用；二是注重专业知识和思想政治教育知识交叉教学。思想政治教育课是进行大学生思想政治教育的主要途径，其实高校思想政治教育的潜在平台很多，其中专业知识教学就是一处最大的潜在平台，借助这一平台，可以在高校思想政治教育课程之外的专业课程教学中，挖掘专业课程的德育意义，渗透思想政治教育的内容，是当代各国思想政治教育的普遍做法。

博耶（Ernest L. Bover），美国著名教育学家，他提出专业课实现价值观教育的方法就是专业课的学习都要对三个问题做出回答：一是它所涉及的社会和经济问题是什么；二是这个领域的传统和历史是什么；三是要面对哪些伦理和道德问题。通过这种专业教育，更有利于高校思想政治教育目标的实现。有关这三个问题的回答可以直接或者间接地激发学生关心和思考与专业有关的社会理论问题，通过这种主动探索去积极地接受社会的价值观念。英国高等教育学者阿一比认为，除了要回答这三个问题之外，除了课程渗透思想治治教育内容外，还要充分发挥专业课教师在大学生思想政治教育中的积极作用。

（六）高校思想政治教育目标应遵循发展性原则

发展是事物从出生开始的一个进步变化的过程，是事物的不断更新。是指一种连续不断地变化过程。既有量的变化，又有质的变化；有正向的变化，也有负向变化。发展性具体指的是主张学生在动态学习环境下，形成动态思维结构，达到情感能力的协调发展。这种发展是在开放思维条件下，全时空发展的学习方式。制定高校思想政治教育目标时，要充分考虑到发展性。这种发展性表现在两个方面，一方面要求教育目标应具有长期性；另一方面要求教育目标的制定站在学生发展的角度，考虑大学生的发展性。著名的教育专家斯塔佛尔姆的"发展性"指的是倡导"四多四少"，即"多一点赏识，少一点苛求；多一点表扬，少一点批评；多一点肯定，少一点否定；多一点信任，少一点怀疑"。

二、大学生思想政治教育内容体系构建目标要求

随着社会经济结构已经和即将发生的深刻变化，特别是新媒体时代的来临，这使得新情况新问题层出不穷，社会利益关系更为复杂，中国社会正在经历一个重要而关键的转型时期。在社会主义现代化建设的进程中，我国各类高校培养的大量高素质人才为此做出了巨大的贡献。随着新媒体时代的来临和高等教育大众化时代的来临，使得更多的学子有机会接受高等教育，但是，要将这些青年培养成建设和谐社会的中坚力量，对高校思想政治教育的目标定位进行与时俱进的调整就势在必行。明确的目标定位，一方面为进行思想政治教育提供了可靠的方向依据，另一方面也为广大大学生的成才提供了可行性的导向。在新媒体时代背景下，进一步把握和明确高校思想政治教育的目标定位，有利于我国的社会主义现代化建设，有利于培养合格的社会主义事业建设者和接班人。

（一）高校思想政治教育目标制定应该贴近实际、贴近生活、贴近学生

提高质量是思想政治理论课发展最核心最紧迫的任务，贴近实际、贴近生活、贴近学生，是提高教学质量的内在诉求和重要突破口。把握"三贴近"的统一性原则、科学性原则与引导性原则，在教学理念和模式、教学方法和手段、学习方式和评价等方面贯彻"三贴近"，能够全面提高思想政治理论课的教学质量。

贴近实际、贴近生活、贴近群众，既是我们党在思想政治工作方面长期实践的经验总结，也是我们党的传家宝。高等学校作为培养人才的摇篮，要解决

好培养什么人、如何培养人这个根本问题，必须始终不渝地全面贯彻党的教育方针，用三贴近思想方法来加强高校学生思想政治教育工作，提高针对性，增强实效性，关键问题是使大学生思想政治教育工作真正做到贴近实际、贴近生活、贴近学生。

在高校进行思想政治教育的实际工作中，应以大学生的责任感和责任意识为突破口，坚持以人为本，坚持思想政治教育引导的先进性和广泛性的统一，贴近实际、贴近生活、贴近学生，努力在提高思想政治教育的针对性、实效性以及吸引力、感染力上下功夫，培养德智体全面发展的社会主义事业合格建设者和可靠接班人。同时还应该注意教育过程的科学性，"三贴近"具有管长远、管方向之效，所以必须围绕学生的思想去"解扣子"，区分不同大学生的不同心理个性特点，防止上下一般粗。最后还要强调引导性，高校思想政治教育工作者在教育过程中，应该注意正能量的传递，在与大学生进行交流、对话过程中对大学生进行潜移默化的引导和思想的规范。

（二）细化高校思想政治教育目标

政治教育规模与学生思想发展有直接关系，往往规模越大、集中程度越大、力度越大，烙印就越深。一是教育的每个环节都要抓住。比如课堂教育，就应该好好地抓一下思想调查，引导思想政治理论课教师学会把学生思想摸透摸准，防止闭门造车；备课要备出质量，要广泛查阅资料，精心准备，必要时进行试讲；讨论要认真组织，把课堂内容消化好，防止简单议论，防止离题千里；补课要真正补起来，不能简单地补补笔记了事等。每个环节还都有具体的做法和要求。把这些基本环节抓好了，课堂教育不会没有效果。二是注意培养思想政治教育的小骨干队伍。把这些小队伍抓好了，就能在教育中起到很好的补充、桥梁、引路、放大、消化作用。三是做好条块和一人一事的工作。现在的学生，不同层次的人有着不同的特点，不同条块的人也有着不同的想法，所以教育者既要注意层次性，也要注意条块性，把不同类型人员的工作都做好。共性的问题解决了，个性的问题也不能放过。一人一事的问题往往具有典型性，影响比较大，所以教育者仍然要把谈心、一帮一等行之有效的方法始终抓住，使解决问题成为覆盖全体学生的共同目标和要求。

（三）高校思想政治教育目标定位应该以培养大学生能力为先

高等学校思想政治教育的目标之一，就是培养大学生具备社会主义事业建设者和接班人所必需的思想道德素质，这内在地蕴含了对大学生各方面能力的要求。将大学生能力培养作为高校思想政治教育的重要目标，对大学生个人的发展和社会的进步具有重要意义。大学生能力包括道德能力、思想能力、独立生活能力、人际交往能力、应变能力等多个方面，如何培养大学生的实际能力，不仅仅是大学生专业课程的目标和任务，同时也是大学生思想政治教育的功能，也应该在高校思想政治教育目标中有所体现。单纯地从智育的角度去培养大学生的能力，促进大学生发展．只注重知识的呈现和讲授，那么大学生思想政治教育就会丧失它应有的受关注度和被接受度。大学生思想政治教育究其实质就是大学生实际能力的教育。进行大学生的实际能力的培养，应该从多方面人手。一方面，从大学生思想政治教育的内容和方法入手。创新思想政治教育的内容，不断将思想政治教育的内容与实际结合和社会结合，同时开拓思想政治教育的方法，多元化的方法利于思想政治教育的多元进行，使大学生思想政治教育的过程切切实实地被学生接受进而内化，产生认同感，养成良好的能力习惯。另一方面是注重思想政治教育的教学内容和实践的结合。在实际教学过程中，一是可以开展理论交流，二是可以围绕理论主题相关的内容开展系列主题教育实践活动，培养大学生"走进来、走出去"的学习习惯，让大学生在实际的操作中饱尝思想政治教育带来的乐果，间接地提升和强化大学生良好道德行为和责任意识。高校思想政治教育过程中要培养解决的是知识和能力的转化问题。能力和知识的作用是相互的。高校在进行思想政治教育的过程中，一定要注意思想政治教育的知识性与能力性的相互交流、沟通以及转化。学校培养就是要把学生学到的知识转化为能力，特别是转化为学生适应社会生存与发展的职业化技能。高校课堂是学生学习知识的殿堂，但知识不等于素质，素质不等于能力。知识的建构有助于能力的形成，反之，以能力作为基础知识的学习也将更加有利。因此基于以知识为基础，善于将知识进行积极转化的思想政治教育在高校中应该发挥重要作用。

（四）高校思想政治教育目标的设定应该彰显教育内容的感染力，提高教育内容的吸引力、增强教育内容的针对性

思想政治教育的过程，是教育者对受教育者的思想状态进行转化的过程，也是教育内容发挥作用的过程。因此高校思想政治教育目标的设定应该彰显教育内容的感染力，提高教育内容的吸引力、增强教育内容的针对性。

高校思想政治教育要融入生活，就是要在生活的正常运行中，引导人们认识生命的价值，唤醒信念的生命，恢复思想的生命力，使每一个人在对事物、对生活的态度中积极地表现出他的世界观、价值观以及政治立场。以重大事件活动和庆典为契机加强和改进大学生思想政治教育工作，以彰显教育内容的感染力。北京大学提出的大学生思想政治教育"精致化"目标，要求根据每一

个学生特点，深入细致地开展工作。"精致化"的核心思想是"以人为本"，在教育过程中结合了"科学管理"和"人本管理"的优势，对于提升学生素质、促进全面发展大有裨益，有利于形成"人人成才"的良好局面。另外，"精致化"以实现每个受教育者"自由而全面的发展"为根本目标，在教育实践中倡导"因材施教"，注重发挥学生个人的主体性和主动性，有利于培养高素质创新型人才。

所谓针对性就是必须要有的放矢地开展思想政治教育，包括问题的针对性和方案的针对性。问题的针对性要求我们对于受教育者的思想品德现状有充分的了解，知道他们存在哪些问题。而了解受教育者的思想品德状况既需要知道他们现在的思想观念、心理特点、行为习惯是什么，又要知道有哪些因素促成他形成的现在的思想品德。这些因素包括宏观因素（经济环境、政治环境、文化环境、大众传媒环境）和微观环境（家庭环境、学校环境、社区环境、同辈群体环境）的影响。方案的针对性是指制定的思想政治教育方案要有针对性，包括具体的目的、可行的步骤、恰当的方法等，只有这样才能够使思想政治教育获得良好的效果。在新形势下，大学生心理层面、思想认识都发生了深刻的变化。因此高校思想政治教育目标设定应该更具有针对性和有效性，以使大学生具有坚定正确的政治方向和健康向上的价值观。

要做好大学生思想政治教育就不能不承认大学生思想政政治素质的差异，并且按照这种差异给予区别对待，根据其不同思想特点选取不同的教育内容。首先要对大学生阶层进行分层大学生中有先进分子，他们大多数是党员、学生干部等。大学生中也有中间分子，他们大多数缺乏政治工作的积极性。大学生中也有落后分子。在进行思想政治教育的过程中，对于大学生中间的先进分子，加大马克思主义理论教育，巩固他们有关马克思主义的理想和信念。对于数量较多的中间分子而言，应该利用共同理想、爱国主义等教育内容，逐渐引导他们认识与理解马克思主义、走向马克思主义，加强社会主义价值观教育，笃定他们对于共产主义的深刻认识。其次，要注意顺序性。思想政治教育的开展无论是从低年级到高年级，从本专科学生到研究生，都要注重顺序性。由于不同年龄层次的大学生的道德发展水平存在差异，其个性心理特征也着实不同，所以在进行教育的过程中，一定注意顺序性。大学生思想政治教育工作者应对不同年级和不同身心发展阶段的学生，设计有区别、有重点、有连续的思想政治教育内容体系，有针对性地开展相应的教育内容活动。

第二节　大学生思想政治教育内容的创新

改革创新必须有一定的理论作为基础。界定理论基础的内涵，是确立思想政治教育改革创新的主要依据。所谓理论基础，一般是指对某一学科起指导作用的理论依据。它基本包含两个层面：一是指导层面的理论基础，即本体论基础；二是实践层面的理论基础，即方法论基础。前者可以说是在思想层面发挥作用，后者可以说在操作层面发挥作用。思想层面是根本，是灵魂，是支柱，实践层面总是在思想层面的指导下进行的。

就思想政治教育而言，指导层面的理论基础是马列主义、毛泽东思想、邓小平理论和"三个代表"重要思想。思想政治教育，必须建立在马克思主义理论基础之上，并且在马克思主义科学理论的指导之下，才能沿着正确的方向日趋完善。离开了马克思主义科学理论的指导，思想政治教育的实践活动就会偏离方向，削弱自身的力量，甚至起相反的作用。思想政治教育第二个层面的理论基础是与思想政治教育密切相关的各学科的理论体系，如教育学、心理学、伦理学、社会学、政治学等学科理论体系，没有这些学科理论体系的支撑，也就难有今天的思想政治教育。两者对思想政治教育而言，缺一不可。

一、新时期高校思想政治教育理念创新

改革开放 30 多年后的今天，高校思想政治教育面临的任务、遇到的问题、工作的对象也发生了很大的变化。这要求我们必须根据中央的精神要求，进一步解放思想，创新工作理念，增强工作的针对性和实效性。

1. 育人为本、德育为先的理念

《国家中长期教育改革和发展规划纲要（2010—2020 年）》指出："育人为本、德育为先"是实施教育的主导思想。把育人为本作为教育工作的根本要求，也是教育科学发展的本质要求。高校在进行思想政治教育过程中，首先要注意做到"育人为本、德育为先"。这个过程一定要做到要以学生为主体，以教师为主导。在积极发挥大学生主体作用，发挥大学生积极性、主动性的同时，还应该注重把促进学生健康成长作为学校一切工作的出发点和落脚点。

高校思想政治教育是培养人的活动，也是学校育人工作的一个重要环节。"学校教育，育人为本；德智体美，德育为先"规定了德育的地位。因此，坚持育人为本，就是做到两个"统一"，一是把思想政治教育的政治观与大学生

的价值观统一起来，二是把思想政治的政治价值与大学生的个人价值统一起来。做到这两个统一，有利于高校思想政治教育目标的达成，有利于调动大学生的积极性和主动性，促使高校思想政治教育的实现。

2. 以人为本的理念

以人为本是科学发展观的核心。坚持以人为本是中国共产党人坚持全心全意为人民服务的党的根本宗旨的体现。"坚持以人为本"，是中国共产党十六届三中全会《决定》提出的一个新要求。新媒体背景下，应该积极发挥人的主导作用，体现人的主体地位。同样，在进行高校思想政治教育的过程中，一切都应该围绕"大学生"展开。正确理解"以人为本"是我们进行思想政治教育的基础。我们在进行思想政治教育的过程中，要重视大学生的能力差异、独立人格，尊重大学生的创造性和权利。高校思想政治教育要正确理解和坚持以人为本，就是要统一思想和行动，坚定不移地树立和落实"以人为本"的科学发展观，更好地承担起新时期高校思想政治教育所赋予的历史使命。

3. 教育与管理、服务相结合的理念

教育与管理、服务相结合的理念就是要发挥好教育一、管理与服务等各种方法和手段在思想政治教育中的综合作用。要在完善校规校纪中严格学生管理，在服务学生中渗透思想教育. 把倡导的思想道德原则融于科学有效的管理之中，使自律与他律、内在约束与外在约束有机结合起来，引导学生自觉规范自己的思想行为。要树立教育、管理都是服务的意识，努力为大学生办实事，办好事，特别是要关心贫困学生群体，切实帮助他们解决学习、成才、择业、生活等方面遇到的实际困难，把党和政府的温暖、把学校党政领导的关怀送到学生心坎上。

4. 创新的理念

创新是指：以现有的思维模式提出有别于常规或常人思路的见解为导向，利用现有的知识和物质，在特定的环境中，本着理想化需要或为满足社会需求，而改进或创造新的事物、方法、元素、路径、环境，并能获得一定有益效果的行为。创新是一个民族进步的灵魂，是一个国家兴旺发达的不竭动力。步入 21 世纪，思想政治教育工作要适应新形势的需要，为时代发展和社会进步提供强大的精神动力支持，为此，必须从教育方法到教育机制进行全面创新。

高校领域进行思想政治教育创新，一是根据不同年级采取不同方法。由于不同年级的大学生在教育程度上往往存在差异，所以在进行思想政治教育的过程中，应当采取最适合他们的方法对其进行思想政治教育。二是采用大学生喜闻乐见的方式进行。这就要求高校在进行思想政治教育的过程中不要太过于机械和死板，教育方式力求多种多样，以便于大学生能够顺利接受。三是将思想政治教育与解决实际问题结合起来。思想政治教育要取得成效必须克服"空对空"的弊端。四是迎合时代发展特点，积极利用新媒体技术。新媒体技术的发展，提高了人们的生活水平，改变了人们的生活方式，同时，也为开展思想政治教育提供了新的手段。借助于新媒体技术，使高校思想政治教育可以突破时间和空间的限制，扩大教育面，增强教育的时效性。

二、大学生思想政治教育系统与时俱进

任何事物都是不断发展变化的，没有既定的恒久不变的模式。要保持大学生思想政治教育系统的动态性、先进性，达到与时俱进，必须要解放思想，转变观念，树立思想政治教育系统的全局观念、开放观念、创新观念，努力实现在机制、内容、方法等方面的创新，体现思想政治教育的时代性、规律性、科学性，提高思想政治教育的实效性。

（一）大学生思想政治教育系统的全局性观念

要发挥大学生思想政治教育系统的整体效应，增强合力，在大学生思想政治教育体制上，要构建全员育人、全过程育人、全方位育人新格局。思想政治教育是高校工作的生命线，要把思想政治教育纳入到学校工作的总体规划之中，融合到学校工作的方方面面。贯穿于教学、科研的各个环节，把思想政治教育目标纳入整体培养目标，把基本的思想政治教育与其他工作融为一体。全员育人，就是要增强全体教职工的育人意识，敬业爱生，教书育人。抓好政工系统内部的协调与配合，合力集中，担负起组织、实施教育计划，研究、探讨教育规律，收集、反馈思想信息等主要工作。全过程育人，就是要根据思想政治教育的目标，根据不同阶段要求，根据学生认知规律和特点，分层递进。大学生思想政治教育面对全面实施素质教育的新要求，要积极探索具有现实指导意义的育人机制，建立以思想道德为核心，依靠社会力量，调动各个方面的积极性，齐抓共管形成合力，挖掘思想政治教育资源，营造思想政治教育氛围，要调动业务教师、行政管理、后勤服务等系统的积极性，充分发挥教书育人、管理育人、服务育人的作用，做到目标一致，职责明确。大学生思想政治教育不仅需要各级党团组织、主管部门去做，学校所有部门的广大教职工都应围绕学校培养合格人才的中心工作进行开展。

（二）大学生思想政治教育系统的开放性观念

系统的开放性是指系统与周围环境之间存在着相互交流的性质，开放是系统有序发展的必要条件，系统只有和外界保持连续不断的物质能地信息交换，

才能维持动态有序的结构。这种交换一刻也不能停止。否则，这种系统很快会瓦解，趋于无序状态。

1. 大学生思想政治教育的对象是开放的

大学期间是大学生思想意识急剧发展并趋向稳定的关键时期。这期间大学生思想意识的最大特点就是思想开放，易于接受新生事物。具体表现在：在认识事物时更具主动性和自觉性，认识问题的广度和深度大大扩展，自我评价的社会化程度进一步提高。但因人生阅历和社会经验等原因，在思考问题时又难免偏颇。大学生的思想特点决定了他们思想的开放性和动态性，与之相适应的思想政治教育也应是动态的而不是凝固的，是开放的而不是封闭的。思想政治教育就要根据大学生思想发展的规律有的放矢。

2. 大学生思想政治教育的渠道是开放的

特别是随着信息网络技术的发展，互联网在为思想政治教育提供了现代化手段，拓展了思想政治教育的空间和渠道的同时，也给思想政治教育系统的发展带来了很大的挑战。例如，互联网的开放性，使得互联网既有大量进步、健康、有益的信息，也有许多反动、迷信、黄色的内容。坚持思想政治教育系统的开放观念，就要求我们既要重视和充分运用信息网络技术，提高思想政治教育的时效性。扩大思想政治教育的覆盖面和影响力。同时也要正视挑战，加强对网络的监控、管理和利用，发挥互联网的信息载体和传播的作用，确保网络正确的舆论导向，增强网上的正面宣传和影响力。

3. 大学生思想政治教育的环境是开放的

随着社会的发展，社会为个人发展自我、参与社会提供了一个广阔的舞台。在这个社会大舞台上，形形色色的现象，各种各样的信息，花样繁多的思潮……都会不断地左右着、影响着思想政治教育。坚持思想政治教育系统的开放性，就要在开放的社会环境中，有分析、有批判地为大学生介绍一些西方思想和文化艺术方面的不同观点，以利于广大学生的横向思维，让学生在众多的社会现象和理论中比较和鉴别，引导他们正确过滤信息，提高分析问题的能力和在比较中择优汰劣的能力，为思想政治教育的实效性提供强有力的支持。

（三）大学生思想政治教育系统的创新性观念

根据系统理论的有序原理，稳定有序结构，才能有所创新。系统必须远离平衡态，才能形成新的生物进化的过程，是一个不断远离平衡态的过程；社会进化的过程，也是一个不断远离平衡态的过程。思想政治教育系统同样是一个复杂开放的系统，它始终处于"稳定—不稳定—德定"的发展变化过程中，这种螺旋式的发展趋势也保证了思想政治教育系统的进化。思想政治教育是一门科学，有自己独特的目标、内容、方法和实施手段。在其发展上，不仅需要考虑顺序渐进，通过分析，揭示其各个部分、层次之间的内在联系，还要考虑充分利用哲学社会科学理论和现代科学技术方法，在理论观念、方式方法、机制手段等方面进行创新，发挥科学理论和先进技术在思想政治教育中的作用。实现质变的飞跃。

1. 大学生思想政治教育的理念创新

思想政治教育的出发点和归宿是人，其核心是提高人的素质，调动人的积极性，引导、规范人们的思想和行为，实现人的全面和谐发展。增强认识世界和改造世界的能力。因此，思想政治教育必须坚持以人为本的理念，尊重人、关怀人。在工作中，需要摆脱以往那种为政治而教育的单纯的思想政治观，应该把思想政治教育看作是集政治理念、伦理意识、道德培养、个人发展、时代要求、人文素质提高等方面组合而成的大系统。使思想政治教育能够准确地把握社会发展方向，密切联系实际，发挥其导向、激励、保证和告诫作用，以达到凝聚人心、化解矛盾、协调关系、调整情绪，调动人的积极性的目的。实现人的全面和渐发展是思想政治教育的最基本要求。

2. 大学生思想政治教育的理论创新

其一，重视对思想政治教育主体功能的开发。这里所指的思想政治教育主体，仅指思想政治教育工作者。"主体的基本素质高低，功能发挥程度大小，直接决定着整个思想政治教育的效果。主体自身素质的提高，是进行思想政治教育的前提要求。如果主体意识不到位，主体要素缺失，那么对主体功能的开发，对思想政治教育的有效性就无从谈起。"

其二，重视对思想政治教育客体的研究。思想政治教育的客体，是指那些被纳入思想政治教育实践和认识中的人，即大学生。思想政治教育的客体具有客体主体化的特征，是有意识、有意志并进行认识和实践活动的现实的人。因此，必须正视他们需求多样性、价值取向多元化的客观事实以及每个个体呈现出的独立性、自主性、选择性和功利性的倾向。引导和规范他们的思想是一个艰巨、复杂、长期和持续的过程。

其三，重视对思想政治教育方法的研究，当代大学生自我意识、民主意识强，他们不喜欢教育者盛气凌人的说教，而希望在教育过程中多些理性、民主、参与、疏导的方法，真正实现教学双方的双向互动、平等交流、教学相长。

其四，重视思想政治教育的载体建设。思想政治教育的载体，是构成思想政治教有的载体体系，他们互为补充，相互促进，形成一种互动机制，共同发挥作用。载体既是连接思想政治教育主、客体的中介，也是思想政治教育系统发挥作用的过程。一切思想观念，都必须借助一定的物质载体进一步外化和直接现实化。如果物质载体缺失，纵有良好愿望也只是一厢情愿，难以实现。

3. 大学生思想政治教育的机制创新

"思想政治教育运行机制，是指思想政治教育系统内部各要素之间相互联系、相互作用、互相制约的联结方式的基础上建构起来的工作体制、管理规范和工作方式等。"思想政治教育系统是多种因素相互联系、相互作用构成的有机整体。建立起协调、平衡、高效的运行机制，是思想政治教育系统发挥整体效益的必然要求。

其一，通过科学决策提出思想政治教育的任务与规划。思想政治教育的开展是思想政治教育各个构成部分、各个层次间相互联结、相互作用的结果。思想政治教育的发生过程，主要就是思想政治教育的科学决策、动力激发与计划实施的过程。科学决策是思想政治教育运行、思想政治教育研究机制的核心。定期研究社会政治经济形势、理论动态、社会思潮．掌握党的方针政策，进行调查研究．准确了解大学生中的思想热点、难点和疑点，是进行科学决策的先决条件。

其二，激发广大教师对思想政治教育的热情。社会发展要求与人们内在需求的矛盾是思想政治教育发生、发展的动力所在。思想政治教育的发生和发展过程，始终是内在驱动力和外在推动力相互作用的结果。社会发展和进步对大学生提出的思想道德素质等要求，是思想政治教育的外力，而思想政治教育者的崇高责任感、事业心以及远大的理想追求，自我道德发展、道德完善的实现，对安定的社会环境、和谐的人际关系以及美好生活的向往，是思想政治教育的内在动因，也是推动思想政治教育发展的强大力量。

第三节 大学生思想政治教育评估机制的创新

大学生思想政治教育是高校人才培养中十分重要的因素，而思政教育中的评估体系又是整个思政教育的重要组成部分，对于思政教育工作的总结和评估具有重要意义。因此，创新构建科学的大学生思想政治教育工作评估体系，既是做好大学生思想政治教育工作的重要手段之一，也是实现和谐评估的重要举措；"既是进一步提高大学生思想政治教育工作质量的需要，也是和谐校园建设的需要"。

一、大学生思想政治教育评估的时代内涵

（一）大学生思想政治教育评估的变化

随着经济社会的发展，特别是教育环境和形势的变化，教育教学改革的深入推进，大学生思想政治教育工作评估应当被赋予新的时代内涵。具体而言，一是评估主客体的多元化问题，它应该既包含地方党委政府及各个职能部门，也包含高等学校、思想政治教育工作者和学生。换言之，以上对象既是评估主体，又是评估客体。二是评估内容要与时俱进的问题，即新时期大学生思想政治教育工作评估必须以《中共中央、国务院关于进一步加强和改进大学生思想政治教育的意见》为基础，根据中央新的要求，充实完善新的评估内容。三是评估过程要以人为本的问题，即既要方便评估主体，又要方便评估客体，不能人为地制造障碍，频添麻烦。比如，可以采用网络信息报送、现场考察与问卷测评相结合的方式开展评估。四是评估结果要是真实有用的问题，即评估必须讲求实效性，结果要保证客观真实，问题的诊断要有利于改进工作，要善于抓住工作的主要问题和问题的主要方面。

（二）新时代下大学生思想政治教育评估的基本特征

1. 发展性

通过对大学生思想政治教育工作的全过程进行全方位评估，发现和找准各地方党委政府和高校在大学生思想政治教育工作中存在的问题，提出整改的意见和要求，以达到"以评促建、以评促改"的目的，以推动大学生思想政治工作的可持续发展和人本化发展之路。

2. 可视性

对指标体系具体的观测点和评分标准而言，要努力把无形的、抽象的工作，转变成看得见、摸得着、可以追溯化的事实；把一些可以量化的具体工作，转变成数据，做数值判定。这样，就可以解决传统评价中打感情分和模糊分的问题，让每一个评价点都是可视可测的，以提高评估的公正度和透明度。

3. 信息化

在评估手段上，特别是在操作流程的设计上，应突出应用计算机网络技术手段，利用计算机数据库知识、编程技术、网页制作等知识，在基础性数据的上报及统计分析上，实现便捷式的网络化；另一方面，在评估专家组不到评估现场时，可通过网络平台来获取学生、家长、社会方的评价意见，最大化地通过网络来开展评估工作。

二、大学生思想政治教育评估体系指标研究

(一) 大学生思想政治教育工作评估指标体系结构分析

大学生思想政治教育工作测评指标体系包括《省（自治区、直辖市）大学生思想政治教育工作测评指标体系》和《普通高等学校大学生思想政治教育工作指标体系》。在设计时，两套指标体系可以分别由 5 个定量化的一级指标和 1 个定性化的一级指标构成，再根据学校的实际情况添加特色项目。其中，省级系统为母本体系，高校系统为子体系，高校系统有机对接于省级系统的一级指标"工作绩效"中的"工作效果"部分。

省级系统可由"三级评价指标"和"对应的评分标准"构成，其中一级指标可以根据地方党委和政府关于大学生思想政治教育工作的重要职能职责而设计，如"组织领导、条件保障、育人渠道、社会环境、人文关怀与心理疏导、工作绩效和特色与创新项目"，即"6+1"的结构；二级指标在一级指标的基础上进行分解，如组织领导可以分解为领导重视、组织管理等指标；三级指标又在二级指标的基础上进行分解，使三级指标成为可视可测的观测点。省级系统设定的总分值为 1 000 分，含"特色与创新项目"分值。在二级指标中可设置核心指标，可用黑体文字在指标体系中标出。高校系统的相关设置与此类似。

(二) 大学生思想政治教育评估核心指标分析

在指标体系中，核心指标可以设在二级指标栏目内。核心指标的设计主要应考虑中央 16 号文件及相关配套文件的要求、该指标在高校思想政治教育工作中的重要程度、社会关注程度、影响学生程度和影响该项工作的可持续发展程度等。如"工作效果"是所有工作成效的最终反映，可以准确地对该项工作进行评判，应当作为核心指标；"队伍建设"是解决人的问题，没有精干高效的队伍，即没有人，做什么事情都只能是一句空话，必须作为核心指标；"经费投入"是开展思想政治教育必要的保证，也是开展工作的前提和基础，作为核心指标也是理所当然；在高校中开展思想政治教育，"思想政治理论课"是主阵地、主渠道，直接影响学生的成长和发展，作为核心指标也不会有异议；"领导重视"可以作为核心指标，因为不管什么工作，只要领导重视，就能很好推进和完成；"经济困难大学生资助""大学生就业创业服务""组织管理""师德师风"等也应当作为核心指标，因为这些工作既影响大学生思想政治教育工作的可持续

发展，也受到国际国内和社会各界的广泛关注。

（三）大学生思想政治教育评估指标中各因素的权重分析

在指标体系中，分数权重应主要考虑以下几个方面因素：

1. 工作内容的重要程度

如我们认为"省级系统"中的"领导重视""队伍建设""经费投入"，"高校系统"中的"思想政治理论课教学"等指标特别重要，所以设置为核心指标，其分值的权重要加大，并对评估结果有明确的要求。比如，在核心指标中的评估分数中，达不到核心指标分值总和的80%，可以判定该组织在大学生思想政治教育工作方面存在较多问题，即需要改进的重要性工作就很多。

2. 工作内容的强度大小

如"高校系统"中"日常管理"，"省级系统"中"文化建设与舆论氛围"等指标（核心指标）。

3. 工作内容的难易程度

如"大学生就业创业服务""师德师风"指标（核心指标）。

4. 现实工作中的薄弱点

如"高校系统"中的"科学研究""心理健康教育"，"省级系统"中的"校园周边环境综合治理"指标（核心指标）。

5. 人才培养质量的显示点

如"高校系统"中"大学生思想政治素质"是测评的落脚点，分值也有充分体现。特别值得一提的是，两个版本在一级指标的同类工作中，因各自功能要求的差别，其文字表述和权重系数应当是不一样的，如省级系统"育人渠道"赋予100分，而高校系统"主渠道建设"就应当赋予200分，因为这个渠道的作用在大学生思想政治教育工作中的发挥是不一样的。其他指标也同样如此。

（四）大学生思想政治教育评估结果分析

这方面要尽可能定量化、事实化，它是一种比较直观的导向，是对传统评价的一种改进。定量化的评分不在于给出优良中差的等级，而在于让我们找到工作的问题和差距。因此，我们建议大学生思想政治教育工作测评可以作为诊断性或指导性评估。即通过评估查找问题，找到问题存在的具体环节，专家组与评估单位共同寻找解决办法，不断改进大学生思想政治教育工作，从而进一步提高工作实效。

三、大学生思想政治教育评估操作体系创新

(一) 大学生思想政治教育评估的操作流程

成立大学生思想政治教育工作测评领导小组办公室和建立测评专家库及专家档案。测评领导小组办公室负责发出大学生思想政治教育工作测评实施方案，对测评工作进行协调，做好安排。根据专家档案成立 5~7 人测评专家组，对测评单位开展测评工作。专家组开展测评工作分三个阶段，即测评工作准备阶段、测评工作实施阶段、测评信息处理阶段三个流程进行，各阶段的主要工作内容及具体操作方法，一般可分为以下几个阶段：

1. 测评工作准备阶段

准备阶段主要在于成立专门的相关组织机构，并配置相关人员，同时确定测评的范围、途径、原则和内容等。与此同时，还需要开展测评的宣传动员会、主题讲座等，并对参与测评的相关人员进行培训，包括熟悉指标体系，学习测评方法及操作规程等。

2. 实施阶段

实施阶段主要包括了信息采集、信息分析和信息应用三个流程，通过对照指标体系对信息员进行分类和采集，并对信息进行分析。

3. 测评信息处理阶段

信息处理阶段是整个测评工作的末梢，即根据测评情况进行意见反馈，同时被测评单位应根据意见自行整改并接受复查回访。

(二) 大学生思想政治教育评估的运行模式

1. (省级系统) 2142 测评工作运行模式

这是把省（自治区、直辖市）党委政府作为测评对象开展大学生思想政治教育测评工作的运作模式。"2" 代表测评的两种事实依据主要包括平时报送的基础性数据和现场考察获取的基础信息；"1" 代表测评的基本工具，可研发 "大学生思想政治教育工作测评系统"（包括：电子档案袋、数据统计分析软件、在线测验、网络调查、投票器等）；"4" 代表测评的四个参与主体，主要包括上级评价、自我评价、高校评价、社会评价四个方面；后一个 "2" 代表测评的主要形态，包括成果评价、相对评价两种类型。

2. (高校系统) 2153 测评工作运行模式

这是把高校作为测评对象开展大学生思想政治教育测评工作的运作模式。"2" 代表测评的依据仍然是平时报送的基础性数据和现场考察获取的基础信

息；"1"代表测评的基本工具，可研发"大学生思想政治教育工作测评系统"（包括：电子档案袋、数据统计分析软件、在线测验、网络调查、投票器等）；"5"代表测评的参与主体，主要包括上级评价、自我评价、学生评价、家长评价、社会评价五个方面；"3"代表测评的主要形态，包括状况评价、过程评价、相对评价三种形态。

作为高校大学生思想政治教育工作的重要组成部分，评估体系对于整个思政教育工作有着十分重要的总结与评价作用，在目前的时代背景之下，大学生的思想政治教育工作面对许多新情况和新特点，需要进行更多的创新与改革以适应快速发展的内外部环境，建立省级和高校两个层次的评估体系复核评估系统的多层次性，便于分配不同的职能和流程，具有较强的借鉴意义，有利于高校思想政治教育工作的评估体系更加科学与完善的跨越。

第六章　新媒体文化视角下大学生思想政治教育话语

思想政治教育话语是哲学社会科学话语体系的一个分支，是思想政治教育基础理论研究不可或缺的重要范畴，对其展开充分的学理性探究，是开展思想政治教育话语研究的逻辑起点。

第一节　思想政治教育话语的界定以及构成

一、思想政治教育话语概念的界定

我们探讨思想政治教育话语，要把语言学中话语的本真内涵放到马克思主义理论畛域下，放到思想政治教育学科特有的属性中来进行探究。由于思想政治教育学科具有很强的意识形态性，并且是与国家权力相结合的，因此，思想政治教育话语在某种程度上可以理解成是一种权力话语，其兼具意识形态性与学术性的特点。依据马克思主义对话语本真的界定，综合思想政治教育学科的特点，我们认为思想政治教育话语是在特定的思想政治教育语境下，由教育者作为主体来运用的，能够实现和传递思想政治教育目标和内容，并能促使思想政治教育主客体之间相互作用的一种语言符号系统。具体包括以下几方面的含义：

第一，思想政治教育话语是一种语言符号系统，符号性是语言的基本属性。"在一切社会中，我们发现这样的现象：直接能唤起人们要表达的概念的符号系统，是出于各种目的建立起来的，很明显语言就是一种这样的符号系统，而且是所有符号系统中最重要的系统。"作为语言动态表现形态的话语，其自然也是一种符号系统，主要有文本话语和口头话语两种形式，随着新媒体时代的到来，又出现了网络话语的形式。

　　第二，思想政治教育话语存在于特定的思想政治教育语境中，即存在于思想政治教育教学中。同一话语、词汇在不同语境下其表达的含义是不同的。在文学语境中运用的是文学话语，历史学语境下运用的是历史学话语，只有在思想政治教育语境下运用的话语才能被称之为思想政治教育话语，也只有教育教学才是思想政治教育话语实施的场域。思想政治教育教学促进教育主客体之间发生互动、共同参与、相互作用，人们只有在教育教学实践中才能检验受教育者对于思想政治教育内容的理解吸收效果、才能评判教育者的教育教学工作的落实与完成程度、才能去把握社会的要求与实际思想政治教育之间的距离与矛盾。

　　第三，思想政治教育话语是由教育者作为主体来运用的。不仅仅教育者是思想政治教育话语的传播者，受教育者也可以传播思想政治教育话语。教育者与教育对象沟通交流所使用的话语，如果对自身或者思想教育有所启发和影响，则其也就变成了教育者，此时他们之间所使用的才能称之为思想政治教育话语；如果教育双方交谈的话语没有对教育产生影响，没有对对方的思想观念、政治观点或者道德规范有所启发，则就不能称之为思想政治教育话语。

　　第四，能够实现和传递思想政治教育目标和内容，起到思想政治教育作用的才能被称之为思想政治教育话语。话语作为一种语言符号可以传递许多其他内容的信息，比如经济学话语传递的是价值的生产、流通、分配、消费规律的理论，法学话语传递的是关于法律问题的基本知识和理论体系等。因此，不同学科的话语反映不同的内容，只有当话语体现并反映着社会主义意识形态，有着明确的思想政治教育目的指向性，才能被称作是思想政治教育话语。

　　思想政治教育话语的类型主要包括以下几种，一是国家政策性文本话语。思想政治教育是一门兼具意识形态性和科学性的学科，是在党的直接政策号召与引导下开展的一门学科。学科的理论导航在于首先要在马克思主义理论的指导下，主动按照党的政策理论所规范的教育内容、积极响应党的理论号召去教育引导受教育者。因此，思想政治教育话语具有政治传导的功能，传达着国家的政策制度、党的治国理政方略，国家政策性文本话语是思想政治教育话语内容的一个部分，一种类型，以书面的形式表现出来。国家政策性文本话语与时政紧密联结，包括"科学发展观""社会主义核心价值观""社会主义核心价值体系"，24 个字字里行间凝练着党对于真善美的宣传教育、对于大众道德规范、政治素养的引领。当前思想政治教育话语紧紧围绕以习近平总书记为领导核心的新一代党中央的政策指导下，提出的"中国梦""四个全面""五大发展理念"等都是国家政策性话语的典范，是我党集体智慧的结晶。二是思想政治教育学科理论研究话语。每个学科都有属于自己的学科话语体系，是基于学科的基础理论而形成的具有学理性、解释性的话语系统。理论话语对于学科的发展和学术交流来说有着重要的研究价值和学术意义，是学术发展的重要支撑。思想政治教育学科理论随着研究的科学化、系统化而不断深入发展，并取得了丰硕的研究成果，思想政治教育学科理论话语是对于学科基础理论进行的描述、归纳、总结，是在充分的学理分析和逻辑推理后形成的学术性话语。"思想政治教育话语需要准确界定与马克思主义学科属性、学科地位和学科发展相对应的有关基本概念、基本原理、关系范畴、科学规律、基本原则和方法论的基本描述，并围绕这些概念、原理、范畴、规律、原则和方法的描述建构思想政治教育话语的学术话语体系"。这是建立思想政治教育学科自身地位的基本依据，是建立学科自身话语体系的基本准则。三是思想政治教育实践话语。思想政治教育实践话语源自于日常的思想政治教育实践活动，是思想政治教育话语内容社会适应性和实效性的体现，如果说思想政治教育理论研究话语是高高在上的党的政策性指引话语，那么思想政治教育实践话语就是理论落地、在实际的教育教学，在与受教育者沟通交流中产生的话语。实践话语具有贴近日常，贴近大众的特点。从受教育者角度来说，当前思想政治教育对象多为社会上各个领域的群众，他们对于我们的专业术语和抽象的概念、原理等的接受程度有限，他们更能接受的是易于理解，不是过于枯燥乏味晦涩的话语。因此，思想政治教育实践话语正是能为群众广泛接受的话语，体现着理论话语、学术话语与受教育者接受程度的结合，包含着理论话语大众化、学术话语日常化的话语内容。是思想政治教育话语应用性的体现。

二、思想政治话语的构成要素

（一）思想政治教育话语间性

所谓话语间性，从社会语言学的视角来看，"是指话语在实现其功能过程中在各个方面表现出来的可能性，即话语存在于一种张力状态下。话语是信息传递的载体，包括了言语行为、社会语境中的语言使用、实际的篇章对话等实质内容和文字语言、日语、身体语言（手势、表情）等符号内容。话语系统的开放性和封闭性决定了话语意义的动态性特征：意义的弹性理解，即不同话语不同情景其意义可能相同也可能不相同，即使同一话语同一情景其意义也可能相同，也可能不相同。这种话语间意义的错位就构成了话语间性"。简言之，"话语间性就是指话语主体在实现彼此理解的过程中客观的存在于话语本身之间的张力度"。也就是说，任何话语之间都不同程度地存在着这样或那样的差别。这种差别一方面丰富了话语的形式和内容，提升了话语主体的理解能力，但同时也使得话语主体的理解度随着话语本身的张力度的大小而呈现出一定的不稳定性。这种不稳定性恰恰预示了话语系统具有开放性和封闭性的特征，从而也就决定了话语意义的动态属性和静态属性。话语意义的弹性特征导致了理解仅仅只是一种可能，即不同的话语在不同的情景下，其意义的主体获得可能具有一致性，也可能没有一致性；即使同一话语在同一情景下其意义的主体获得也没有某种必然性，这种理解的模糊性或可能性直接源自于话语间性的存在。

把话语间性引入思想政治教育领域，旨在克服思想政治教育活动过程中，由传统"主客体二分"模式所导致的教育者与受教育者之间的话语不平等、话语空间分配的不平衡以及教师话语霸权等现象，从而消除教育者与受教育者话语沟通的障碍。话语间性强调主体间的话语是平等的，他们共同享有话语空间、话语权力、话语沟通等方面的平等地位。由于主体间性的介入，思想政治教育者和受教育者都是主体，他们之间处在平等地位，从而使思想政治教育走进一个多元主体的时代，这就给话语间性的发展奠定了基石。思想政治教育话语间性一方面是为了促进教育者和受教育者之间的话语平等，为受教育者话语争取空间；另一方面推动话语权的在一定场域的合理调配和分流，从而避免教育者挤压受教育者的话语空间。

（二）思想政治教育话语语境

语境（context of situation）即言语环境，它包括语言因素，也包括非语言因素。上下文、时间、空间、情景、对象、话语前提等与话语使用有关的都是语境因素。语境是语用学的核心概念之一，也是话语分析的基础。语境的主要功能是对语言的制约作用，一切语言的应用和言语的交际总是限定在一定的语境范围之内，因此，语境对语言的语义、词语、结构形式以及语言风格等方面都会产生影响和制约作用。语境以模块的形式储存于人的认知框架之中，对于听话人来说，只有那些与当前话语关联的模块才会被激活，听话人只有从自己的认知模块中找到与当前的认知环境重叠的部分，用威尔逊（Wilson）和斯伯波（Sperber）的话来说，即交际双方对彼此的认知环境能够显映（manifest）和互相显映（mutually manifest），话语才会被理解，否则交际就会失败。所以，语境的参与是话语理解的一个不可或缺的条件。

思想政治教育话语语境是思想政治教育活动过程中形成的，使思想政治教育话语能够得以有效传播和被接受，教育者与受教育者得以有效交往和互动的言语场合。思想政治教育话语语境具有即时性、多变性、场域性、灵活性等特征。

一般意义上讲，思想政治话语语境主要体现在话语主体双方的"视界间隔"上。"话语不仅具有共时性，而且具有历时性，话语的这种特征决定了话语主体可能无法摆脱作为传统的'前理解结构'（伽达默尔语）。任何人都生存在一定的视界之中，不同的视界代表着不同的社会、文化、历史环境。既然话语是主体间交往的根本方式，并以语句表达为主要方式，以编码、解码和推理为内在机制，那么其本质就在于通过改变话语主体双方的观点而达到对世界的共同理解"。但是，由于教育者和受教育者的话语经常自觉不自觉地被先在的"视觉间隔"所制约，导致他们之间未能达到"意义共享"和"视域融合"，在这种情况下，思想政治教育沟通的无效是必然的。因此，思想政治教育话语的使用必须重视语境，脱离了这个言语"场域"，主体间难以理解彼此的意愿、意图，也就难于形成一种共识。在不同的语境下，思想政治教育话语可以以不同的形式表达一定的内容，也可以以一种形式表达不同的内容。不同的语境下同样的思想政治教育话语将起到不同的效果，换言之，思想政治教育话语语境指称主体间交往过程中能否把思想政治教育话语的作用、意义、信息等充分展示和表达出来，它直接关系到思想政治教育话语的意义和效果。

（三）思想政治教育话语预设

预设（presupposition），也称"前提"和"先设"，这一概念最早是由德国哲学家和数学家高特罗伯·弗雷格（Gottlob Frege）在 1892 年撰写的《意义与参照》（*Senseand Reference*）一书中用来解释一些语义中的逻辑现象时提出来的。弗雷格指出："如果人们陈述某些东西，当然总要有个预设"。

话语预设在思想政治教育话语实践中具有举足轻重的作用，它直接影响着主体间交往过程中的相互理解和达成默契。教育者和受教育者之间的交往能否正常进行，除了语境因素之外，话语预设也是一个不容忽视的重要因素。教育者输送的信息要为受教育者接受，需要一个共识性的预设。否则，彼此之间很难沟通，更无法了解对方所要表达的意思，因而在话语交往前，通过一定的话语预设来了解受教育者的话语，就显得十分必要。

话语预设贯穿了思想政治教育的灌输、沟通、协商的整个过程，决定了思想政治教育主体间交往的实际效果。思想政治教育话语必须重视主体间的话语预设，在话语交往的过程中不断积累话语预设，同时也在话语预设中不断提升交往的实际效果。

（四）思想政治教育话语交往

所谓话语交往，是指人们以语言为媒介，基于生活世界的背景知识，就思想文本和社会实践的意义进行的主体间的话语互动，它主要表现为主体间通过语言来提出主张、质疑、批判和辩护的过程。

思想政治教育话语交往是主体间以什么样的话语方式进行对话和沟通，以便达到最佳效果。在思想政治教育过程中，教育者与受教育者通过话语建立起一种交往关系，双方的交往是主体间的交往，而不是教育者的单向灌输。思想政治教育的内化特征决定了思想政治教育不能采取强制的灌输方式，而应在充分尊重受教育者的人格和个性的基础上，与受教育者进行平等自由的话语交往。

思想政治教育话语交往是思想政治教育话语体现意义的一个重要路径。在思想政治教育过程中，教育者和受教育者之间通过思想政治教育话语建立起来何种关系，其交往手段是否规范、交往内容是否科学将直接影响到其话语功能能否有效实现，进而关系到思想政治教育的实效性。因此，必须关注教育者和受教育者之间的话语交往，以使双方通过互动达成彼此间的理解。

（五）思想政治教育话语内容

思想政治教育话语内容是根据一定的社会要求和针对受教育者的思想实际，经教育者选择设计后有目的、有步骤地输送给受教育者的思想意识、价值观念、政治观点和道德规范等信息。思想政治教育话语内容体现了思想政治教育的性质，规定着思想政治教育涉及的范围，蕴涵着思想政治教育的目的和任务，其实质是对受教育者给予什么样的思想导向、价值干预和精神影响的问题，它也是联结思想政治教育者和教育对象的信息纽带。从逻辑本源看，思想政治教育的内容决定了思想政治教育话语内容，两者具有一致性。思想政治教育话语内容由体现学科特性的内核和体现思想政治教育话语广泛性特征的外围两部分构成。

政治教育话语是思想政治教育话语的主导性内容，是思想政治教育鲜明的政治色彩和阶级性的集中体现。

体现思想政治教育话语广泛性特征的外围，是思想政治教育话语借鉴和汲取其他学科领域话语的重要场域，体现的是思想政治教育的基本价值（如生命意义、责任、诚信等），它主要涉及道德话语、心理学话语、法治话语、哲学话语，等等。

总之，思想政治教育话语内容是一个由多层次要素构成的复杂体系。思想政治教育话语内容的建构受社会发展规律、教育内在规律和受教育者身心发展规律所制约，依据阶级社会对其成员的根本要求、时代条件发展变化的客观要求、思想政治教育内容的继承借鉴和结构要求，形成思想政治教育话语内容体系。

第二节　思想政治教育话语面临的挑战与机遇

我们正处于一个伟大的变革时代，这是一个思想极为活跃，思潮风起云涌的时代。随着世界范围内各种文化的相互激荡，网络的发展带来信息传播渠道明显增多，人民思想活动的独立性、选择性、多变性、差异性日益增强，社会的整体环境发生了很大变化，这些变化给思想政治教育话语的发展带来了新的机遇与挑战。

一、思想政治教育话语面临的新机遇

互联网使思想政治教育话语内容的形态从平面性走向立体化，从静态变为动态，从现实时空趋向超时空。互联网的超大信息量和信息的固有本质，使思想政治教育话语内容变得丰富而全面，并且具有客观性和可选择性。互联网具有极高的文化与科技含量，可以使思想教育话语内容的政治性本质隐含在历史文化知识和现代科技信息之中。运动于信息高速公路上的网络话语已越来越构成现实社会生活的重要话语形态，并以自主、开放、包容、多样和创新特点而为网民群体所青睐。以互联网、数字技术和移动通信技术为代表的现代媒介筑起当前思想政治教育话语传播的公共载体，网络的话语形式、话语内容和话语方式为思想政治教育话语发展注入了新的血液，也为思想政治教育话语提供了源源不断、丰富而鲜活的教育资源，从而使其更加能够体现时代性、把握对象性。随着网络社会的发展，思想政治教育话语的宏观领域已经无法满足虚拟世界的需要，这就迫使思想政治教育话语向微观领域拓展，这个机遇虽然不是极为主动的，但确实是个难得的机遇。思想政治教育话语只有向微观领域拓展和延伸，才能形成完整、全面的话语体系。

网络使思想政治教育话语权出现了转移和重新分配。一方面，掌握在少数教育者手中的思想政治教育话语权垄断被打破。当今社会信息技术的发展、新媒体的出现，使得大众传播自上而下逐级传递变为平等参与，话语权由媒介控制转变为被社会公众更多拥有。"在网络环境下，信息资源获取的平等性和开放性，使得教育者难以再拥有信息的先导权和支配权，再加上教育者往往受到年龄、精力与固有思维模式的影响，接受新鲜事物的敏锐性往往落后于受教育者，在信息占有上甚至不及教育对象，已经无法真正独占思想政治教育的话语

权。"同时，互联网所具有的开放性、虚拟性、交互性等特点使得青年学生在网络上把握了选择的主动性和自觉性，其主体地位大为提升。在这种新型的交往关系下，受教育者的话语权得到充分尊重。另一方面，越来越多的博客、论坛等在为受教育者话语权提供实践的平台的同时，也把话语权还给了个体。受教育者的话语虽还是处在教育者话语的压制下，但已浮出水面，甚至与教育者话语呈不相上下之势，教育者已经无法真正独占思想政治教育的话语权。

网络使思想政治教育话语的表达手段更丰富，方法更多样。随着互联网的快速发展，当今以计算机、多媒体、虚拟现实激光技术为手段，以图、文、声、像等形式表达思想政治教育话语内容，尤其是思想政治教育内容的数字化，为思想政治教育话语创造出一种全新的存在方式，增加了思想政治教育话语所承载的信息含量，增强了思想政治教育话语的感染力和吸引力。网络可以使每个人都成为网上信息的提供者、获得者和拥有者，它可以为不同社会、不同地域的思想政治教育主体提供信息资源交流和共享的渠道，这使得原先相对狭小的教育空间，变成了全社会、开放性的教育空间。同时，网络为思想政治教育话语的时效性提供了保证，网络上的信息更新速度极快，信息量呈爆炸性的增加，可以使教育者和受教育者在最短的时间内了解到社会热点、形势政策、国际关系、思潮变化等。

此外，信息网络技术的发展拓展了人们交往的空间，改变了人们的交往方式。电子邮件、博客、论坛、微信、QQ、MSN、OICQ等现代交往模式日益普及化，在很大程度上解构了传统的思想政治教育话语交往模式，尤其是网络世界、虚拟现实、虚拟空间、虚拟社会、虚拟世界等一系列的交往模式受到人们的青睐，这为思想政治教育话语向网络世界、虚拟世界拓展提供了新的机遇。

二、思想政治教育话语面临的挑战

网络社会交往方式的复杂化、虚拟化，使得思想政治教育话语面临的风险性增加。交往方式的复杂化、虚拟化是现代网络社会生活的基本形态之一，网络化生存方式对当代青年人的自由反叛意识进行了极度的释放，许多人在想象的空间中寻求现实生活难以实现的模拟表达、沟通和发泄。"虚拟现实"的出现迫使思想政治教育微观领域发展必须提上议程，话语的微观化、虚拟化也就成为不可避免的走向。然而，思想政治教育话语的微观表达、虚拟表达必然会带来更大的风险。一方面，传统的现实话语交往模式往往比较简单、直接，面临的风险也较低；而现代的虚拟交往由于摆脱了现实的制约，在网络空间中，话语表达逐渐突破了现实生活中的社会道德规范，一些虚假话语甚至是蛊惑人心的煽动性话语的出现，使思想政治教育话语面临的风险不断加大。另一方面，思想政治教育话语的虚拟化表达往往受到技术、数据等的制约，网络信息的不可控性，也使得思想政治教育话语面临的风险增大。

网络话语体系的形成加剧了话语差异和话语冲突。随着网络信息时代的到来，网络话语这种新的社会话语体系应运而生，并呈现出无中心性、虚拟性、情境性、飘浮性、开放性等特征，这对思想政治教育话语提出了严峻的挑战。同时，在网络空间中人的社会性约束的淡化，对思想政治教育提出了更高的要求，它无法再向人灌输抽象的概念、空洞的戒律、虚假的道理。网络时代的思想政治教育之所以会产生话语差异，原因之一就是受教育者已经步入网络生活并走在了前列，而教育者却还没有从传统的思想政治教育环境中走出来去适应新的教育环境。教育环境的重构揭示了思想政治教育传统环境向网络环境过渡的必然性。美国著名未来学家阿尔温·托夫勒说："控制与掌握网络的人，就是人类未来命运的主宰，谁掌握了信息、控制了网络，谁就拥有了整个世界。"当代世界意识形态的冲突与较量大体上是在西方意识形态话语体系范围内展开，而网络已成为意识形态领域的重要阵地之一，思想政治教育话语如不介入和运用这种载体形式，失去的不仅仅是一块阵地，其他形式工作的成效也将受到冲击甚至被抵消。总之，网络话语及新媒体话语与思想政治教育的传统话语之间已经形成了强烈的矛盾和冲突，思想政治教育话语如不进行创新和发展，完全有可能在话语信息的传递过程中形成交流障碍和沟通障碍。

第三节 新媒体时代下大学生思想政治教育话语的转型建构

思想政治教育话语范式转换是思想政治教育理论与实践的新节点。不管是思想政治教育话语理念的创新还是话语内容的创新，都需要一定的机制来保障。因此，思想政治教育话语范式转换要从机制上入手，只有良性的运行机制才能更好地促进其不断地创新和发展。

一、话语转换机制

思想政治教育话语的转换是从纵向和横向两个方面展开的，主要包括不同学科、不同领域之间的话语转换、学科话语与实践话语的转换、传统思想政治教育话语的现代转换。话语转换不是随意的、零散的、无序的活动，而是一个有目的的、整体的、有序的意识行动，它需要相应的机制来保障其转换的合理性和有效性。然而，从思想政治教育话语转换的现状看，无论是不同学科领域之间话语的转换，还是学科话语与实践话语之间的转换，都还没有在转换关系上形成有机的逻辑链条，因而面临着源自话语体系本身的内在制约和来自外部影响的客观挑战。

实现学科整合，吸收和应用不同学科的研究成果，是促进思想政治教育方法创新的途径之一。当前，思想政治教育话语在汲取其他学科话语的过程中很多是机械式的嫁接，即直接搬用，没有通过一定的转换机制对其进行合理的转换，简单地照搬其他相关学科的概念或原理；即使有些是通过一定的机制转换过来，但也具有很强的盲动性，使得话语转换难以达到预期效果。那么，在话语转换中如何充分"转译"和建构不同教育内容、教育方式之间的话语表达？如何准确地以主体所需要的表达形式进行描述？这就需要一定的转换机制，主要包括：

（一）话语移植机制

对于在某些方面与思想政治教育相吻合的话语，诸如心理学话语、伦理学话语、哲学话语等，无须加工改造就可以直接移植过来而成为思想政治教育话语。话语的移植是学科之间常有的事情，但前提是首先要了解从别的学科移植过来的话语或概念，尤其对此话语和概念的指涉要有深刻了解和认识，同时必须要找到这些话语之间转换的契合点，否则，生搬硬套会导致思想政治教育话语系统的混乱。

（二）话语诠释机制

释义就是对思想政治教育话语的解释、诠释、注释等，对于某些较为抽象的理论话语，在引入思想政治教育话语过程中，应予以适当的描述或诠释，因为纯粹的学科话语和理论话语是一种抽象的话语形式，它们需要经过一定的描述或诠释才能纳入思想政治教育话语系统，否则就难以达到传播目的。释义一方面可以使一些现在难以确切转换的话语满足当下思想政治教育话语发展的需要，另一方面又为以后的转换积淀材料。

（三）话语中转机制

话语中转机制就是把一些政治话语、文件话语、学术话语经过思想政治教育话语理论系统的技术加工和处理，转换成为思想政治教育理论话语，赋予这些话语以思想政治教育的学科特色和学科内涵，使其从纯粹的政治话语、文件话语、学术话语系统中游离出来，并纳入思想政治教育话语体系之中。

二、话语和谐共生机制

共生（commensalism）原是生物学的概念，主要是指生物多样性之间的一种相互关系。在共生关系中，一方为另一方提供有利于生存的帮助，同时也获得对方的帮助。共生强调事物多元之间的共存、互补、协调理念，并在此基础上发展多元之间的联结关系。在思想政治教育话语系统内，话语的和谐共生是话语间的多元共存、相互尊重、兼容并包、相互交流和协调发展的状态和过程，是静态和动态的有机统一。作为一种状态，和谐共生是一种理想的抽象状态；作为一种过程，和谐共生是在发展和建构中实现的。

思想政治教育话语转换要重视话语间的和谐共生发展，促进不同话语类型之间的和谐共生发展，包括思想政治教育话语与其他学科、领域话语之间的共生发展。推进多元话语共生发展的机制就是要建立一个有利于促进话语群发展的机制、促进各领域话语共生发展的机制、促进思想政治教育话语内部各要素共生发展的机制等，这是思想政治教育话语范式转换的必由之路。思想政治教育话语和谐共生机制的构建主要包括：

（一）话语权分流机制

话语权的分流问题是思想政治教育话语范式转换中的重要问题。思想政治教育话语的非良性共生主要是由话语冲突、话语霸权、话语替代、话语单一化所造成的，其中，话语霸权是导致非良性共生的根源。思想政治教育话语霸权包括话语本身的霸权和主体间赋予的话语霸权。话语本身的霸权就是强势话语对弱势话语的统摄和蚕食，致使弱势话语在思想政治教育话语场域中发出的声音越来越弱，在整个话语系统中所起到的作用越来越小，并最终导致弱势话语的"失语"。如前所述，话语的权力并不仅仅来源于符号系统本身，更是由话语交往中"说者"和"听者"本身在社会权力结构中所处的地位赋予的，这就是主体间赋予的话语霸权。任何霸权性的话语都将使思维受到压抑，受教育者作为思想政治教育场域中的重要主体，其话语权的剥夺与丢失将影响整个话语系统的丰富和多元。因此，要创新一种机制以消解话语霸权，使话语权得到回归，使师生的话语权处于相互平衡状态，这种机制实质上是话语权分流机制。具体来说，就是要创新强势话语和弱势话语平等对话的机制、师生话语交往中的相互尊重机制、强势话语引导机制等。

（二）话语互补机制

互补是良性共生的驱动力。话语的互补机制可以通过要素之间和内容之间的同构性、互补性、协调性来实现。思想政治教育话语的和谐共生需要话语要素之间的同构性，只有建立在同构性的基础上，才能够促进话语要素之间相互协调、相互促进。思想政治教育话语的和谐共生要求政治话语、学术话语、生活话语、心理话语、道德话语之间的协调互补发展，要求思想政治教育话语系统各要素功能的协调一致发展，以促进功能的最优化。

思想政治教育话语要素间的互补，就是思想政治教育话语系统的构成要素，即话语间性、话语语境、话语预设、话语内容、话语交往、话语形式之间的相互协调、相互促进。这些要素耦合于思想政治教育话语这个有机系统之中，思想政治教育话语系统整体功能的发挥有赖于其构成要素的互补。一旦在范式转换中形成话语要素间的冲突，必将导致话语的失效和"话语断裂"。思想政治教育话语要素间的互补可通过以下路径建构：一是话语间通过话语交往选择一定的话语内容，并对语境产生影响；二是话语间在一定的话语语境下，以一定时期的话语内容为基准，通过话语交往并选择合适的话语形式；三是话语间基于一定的话语预设，从语境出发，针对一定的话语内容，通过话语交往并选择合适的话语形式；四是通过话语内容、话语语境、话语预设、话语交往和话语形式彼此之间的互动，建构一定话语间关系。

（三）话语平衡机制

从思想政治教育话语内容来看，涉及政治话语、学术话语、生活话语、心理话语、道德话语、审美话语等，如何使这些话语共享话语空间？从思想政治教育话语发展的历程看，在不同的历史时期，政治话语、学术话语、道德话语等在思想政治教育话语体系中所占的空间是不平衡的，如在革命时期，政治话语、意识形态话语占据绝对的空间优势，因而，思想政治教育话语系统面临各种话语的空间平衡性问题。推动各种话语之间的和谐共生，需要在空间上进行协调，换言之，一种话语占有空间的大小决定了其在思想政治教育话语系统中的位置。话语的和谐共生意味着在思想政治教育话语空间中，政治话语、学术话语、生活话语、心理话语、道德话语等话语之间的空间比例是协调的，但协调并不是均等。任何一种话语占据绝对空间就意味着话语系统的失衡，因此，需要通过话语平衡机制使各种话语之间的空间按比例协调发展：思想政治教育话语空间是一个动态发展的过程，在不同历史阶段，各种话语所占据的空间经常发生流变。建立话语平衡机制就要根据不同的话语在不同历史阶段所发挥的作用来衡量其占据空间的比例，同时引入适度的话语竞争机制，以促进思想政治教育话语不断地进行反思和理论自觉。

思想政治教育话语的调整与更新是一个循序渐进的过程，需要思想政治教育工作者依据思想政治教育语境的变化，及时变换旧话语，发展新话语，思想政治教育话语的发展只有在不断创新中才有动力源泉。在新的历史背景下，要不断地革新思想政治教育话语的要素、关系、机制、内容等，为思想政治教育话语和谐共生奠定基础，在创新中维系、巩固思想政治教育话语的全面协调和可持续发展，最终实现思想政治教育话语范式的时代性转换。

第四节　新媒体时代下大学生思想政治教育话语的优化

面对新媒体给思想政治教育话语所带来的优势条件，我们要充分地利用。面对新媒体给思想政治教育话语所带来的问题，我们要正视，要合理地去破解难题。新媒体视域下，思想政治教育话语优化要坚持以上两点原则，并始终坚持马克思主义的指导地位不动摇，积极转变话语方式，适应新媒体环境变化，重点是要扎根中国大地，汲取中华传统文化的精华来优化话语内容。

一、建立新媒体视域下新的思想政治教育话语理念

思想政治教育话语理念是思想政治教育活动的灵魂，是思想政治教育行为的先导，决定着整个思想政治教育活动的运行方式，比如思想政治教育目的、方式方法等。新媒体视域下，要求我们更新思想政治教育话语理念去更好地指导思想政治教育实践。新媒体视域下，我们可以坚持以下几个话语理念。

（一）以人为本的话语理念

思想政治教育是以学习、研究、宣传马克思主义基本理论为己任的，其话语所传递的内容必然带有一定的意识形态性，因此要由思想政治教育者作为"把关人"来把握和控制以保证话语的准确性和真实性。教育者通过对话语内容的筛选，选择一定的话语传播方式来完成政治导向，思想引领与道德规范，使受教育者的政治意识、思想素质与道德修养合乎一定社会所要求的水平。传统思想政治教育是由教育者作为主体来实施的。而新媒体时代的到来，人人平等地享用互联网络的各种资讯和海量信息，教育者不再"独揽大权"，不再是教育信息的单独占有者。教育者与受教育者之间也不再是传授与接受、主导与参与的关系。人的主体意识逐渐增强，因此，新媒体时代的到来更加呼唤话语建设能够以人为本，注重个人价值。同时新媒体时代的到来，开放性、交互性的网络信息扑面而来，在信息多元化的时代，受教育者能够自由地发表自己的

观点、看法，搜索更多内容丰富的知识，其索取知识也不再是像从前只依赖于教育者的传授，其眼界变得更加开阔，主体性地位日益凸显。

马克思主义以辩证唯物主义和历史唯物主义的立场、观点和方法为基础，科学地揭示了人的本质，指出：个体既不是脱离精神世界的自然存在，也不是超越于物质世界的精神存在，而生活在"一定历史条件和关系中的个人"，总是以一定的社会交往形式存在。因此，人就其本质而言不是纯粹的自然存在或精神存在，而是"一切社会关系的总和"。思想政治教育话语人本考量是激发受教育者的内在动力、使之成为"自立（能力）、自主（意志）、自律（素质）和自由（个性）性质的个人"，显然，人本考量以满足受教育者生命存在为前提的。新媒体视域下思想政治教育话语"以人为本"的理念是对把受教育者当作教育者完成教育活动的工具或对象进行理性反思。"以人为本"明确思想政治教育话语的内容和形式应摒弃以客体视角定位受教育者，强调话语内容和形式回归人的生活世界，从生活中的现实问题出发，话语内容要由抽象概括的话语理论转变为形象具体的内容、范例。教育者要走进受教育者的内心，有针对性地开展思想政治工作。

（二）辩证张力的话语理念

进一步剖析思想政治教育话语的内在结构，我们会发现其所包含的党的政策性话语、文件话语和实践话语之间存在着辩证张力。过去的思想政治教育话语，经常高喊"实现共产主义"等政治口号，新媒体时代思想政治教育话语说的是"实现中国梦"；革命战争时期思想政治教育话语针对党内腐败问题，开展"三反"，"五反"运动，在党政机关工作人员中提出"反贪污、反浪费、反官僚主义"的口号；如今我党针对党内腐败问题，提出"苍蝇老虎一起打""把权力关进制度的笼子里"等一系列接地气的话语。新媒体时代所营造的自由宽松的生活环境，使得人与人之间的对话表达更轻松、更诙谐幽默。受教育者更能接受的是接地气的生活化、日常化的话语。我们可以看出，党的政治性话语、文件话语必须体现党的意识形态性与庄严性，所以在某种程度上，它是刻板的，缺乏生气的话语。但是思想政治教育实践话语是要与现实生活中的受教育对象相交往互动过程中使用的语言，显然，纯文件话语、严肃的政治话语是不易于被新媒体时代下广大受教育者所接受的。此时，就要求我们用辩证张力的话语理念去面对解决这个问题。

语言具有辩证性，话语不是僵死的，语言是活的，话语方式背后所表达的是存在方式，比如我们经常说言如其人，一个人他是呆板的，思维存在是比较单一的，那么他所说出来的话语也一定是言之无味的。我们对待思想政治教育话语要一分为二地去看待其内部所包含的话语内容，既要看到政治话语、文件话语体现的意识形态性，同时也要认同这种意识形态性背后的严肃性与刻板性；既要看到生活化话语的活泼、易于被受教育者所接受的一面，同时也要认同这种生活化话语不能完整地体现党的政策方针庄严的一面。辨证张力的话语理念要求我们明确思想政治教育话语既包含政治话语，同时也包含生活化话语，政治话语与生活化话语要保持一种张力，不要总板起面孔说话，要使教育者与受教育者之间更协调的对话，使思想政治教育话语内容起到润物细无声的作用。思想政治教育的根本目的是为了受教育者的全面发展和社会整体向善，思想政治教育话语也是为了实现这一目标，因而思想政治教育话语也必然在服务这一目的中展现其张力的辨证作用。思想政治教育要既有政治话语，同时也有生活化话语，只有使二者良性互动、相互配合、相互促进，才能使思想政治教育话语形成一个完善的、有实效的话语体系。

二、优化话语内容，适应新媒体环境变化

当新媒体是一种工具的时候，人们可以选择是否使用它，但是当新媒体成为一种环境的时候，人们便无从选择，只能去面对这种环境。当前我们探讨新媒体视域下思想政治教育话语优化问题，必须要把握新媒体的运行特征与思想政治教育话语的深度融合，充分发挥新媒体为思想政治教育话语所带来的机遇，通过对策研究来降低新媒体对于思想政治教育话语的不利影响，使 1+1 >2。

（一）老话语新内涵化

这里的老话语指的是传统的思想政治教育话语，是在革命战争年代我党为了实现民族统一、人民解放而对广大人民群众进行思想动员的时候产生的话语内容。思想政治教育话语优化要将传统思想政治教育话语内容与当今新媒体视域下的时代背景相结合，赋予传统话语以新的时代内涵。我们要做到以下几点：首先是要善于挖掘传统思想政治教育话语内容中与当今时代发展相衔接的、有说服力和感染力的话语内容进行提炼、加工和保留，以达到话语再生产的目的。比如毛主席曾提出"星星之火可以燎原"的观点，被后人们称为"星火精神"，现在共青团对这种"星火精神"进行了新的诠释，并被视为是共青团人的特殊品质——"聚是一团火，散是满天星"。意为每一个共产主义青年团的青年党员、团员干部们聚在一起会形成一股强大的具有引导力与号召力的组织力量，各自回到自己的工作岗位上，又会在自己的岗位上发光发热，继续传递共产主义的优秀品质与精神。这就是对于传统思想政治教育话语赋予

新的时代内涵的典型例子。其次，对于"老话语新内涵化"，我们要对与时代发展不相符的思想政治教育话语内容进行剥离与剔除，比如那些在革命战争年代中形成的宣传鼓动话语，"打倒军阀，打倒列强""继续革命"等，这些话语仅仅是在当时的战争环境中形成的宣传党的战略方针以团结群众的话语，不适用于今天的时代背景。"老话语新内涵化"还要求我们对于那些仍然有利于现在社会发展的传统思想政治教育话语进行创新，如"集体主义""素质教育"等，这些话语现在看来是词语相同但是意义是不同的，现在我们讲的集体主义即是个人利益与集体利益的辩证统一，而不单单是原来的个人利益服从于集体利益的意思。对于这些精髓的思想政治教育话语要进行加工、整合，并赋予这些话语以新的时代内涵。

（二）平常话语精准化

思想政治教育话语的产生和存在蕴含着关于思想政治教育价值与功能等基本问题的价值判断和识别。思想政治教育话语作为思想政治教育内容的重要载体，对思想政治教育功能发挥起到了重要的传递作用。话语所描述内容的准确性、全面性关系到思想政治教育内容的有效传播与思想政治教育功能的有效发挥。加之思想政治教育是一门意识形态性很强的学科，作为以马克思主义基本理论为基础，以党的政策思想为时代指引的学科，其话语的精准度在一定程度上关系着马克思主义基本理论的持续传播的准确性，关系着我国主流意识形态的建设问题。因此，对待传播思想政治教育话语的教育者来说，必须要做到讲得清楚、讲得明白、最重要的是要讲得准确。当前学术界就存在着对基本概念、范畴认识模糊、对待马克思主义经典著作思想，对待我国传统文化了解不够深入透彻、对待平常话语不认真揣摩，不经过学理分析就脱口而出的现象。比如，我们既说"马克思主义是放之四海而皆准的"，又说"马克思主义的理论品质是与时俱进"，还说"在马克思主义视域中时间和空间是统一的"，这三个令我们熟视无睹的命题，每一个都有它存在的理由，但三个放在一起，就陷入了逻辑矛盾，需要经过"学理批判"把它们的关系"理直"。惯讲不经学理批判的大话、套话、空话的话风，背后反映的是学风和党风问题，即理论脱离实际和脱离群众。因此，对待平常的一些基本理论，概念、逻辑，要经过从抽象到具体，从历史到现实的分析方法进行学理性探析，坚持既要自己弄清楚，又要给受教育者讲明白的原则。在自己讲得准确的同时，还要做到讲的深刻，让受教育者入脑入心，讲的再准确的话语如果没有被受教育者所接受也等于是白说。因此，思想政治教育者要积极研究教育对象的话语接受心理，创造恰当的语境，提高语言的表达能力与渗透力，做到把平常话语讲的既准确又深刻。

（三）政治话语与生活话语保持适度张力

思想政治教育话语宣传的一个重要内容是宣传中国共产党执政地位的合法性，推进党的执政能力建设。话语传播能够准确表述党的重要会议精神、指导思想等内容。这是由于学科的意识形态性所决定的思想政治教育话语的根源性本质。但是在新媒体环境下，新的时代背景下，如果思想政治教育话语传递一味地使用政治话语和文件语言来向受教育者宣传、灌输理论，就会使话语缺乏弹性和生气。因为只强调思想政治教育话语的意识形态性和政治性容易造成政治话语盛行，导致狭隘、单一、片面的功利主义话语的泛滥。一些思想政治教育话语缺乏吸引力的一个原因是用纯文件性语言来描述事实，缺乏一定例证和生活化话语来支撑起话语内容而导致受教育者听起来索然无味。新媒体时代的受教育者他们的思想是活跃的，喜欢接受新鲜的，有趣的事物。那么要增强新媒体视域下思想政治教育话语的吸引力，掌握话语传播规律，使政治话语与生活话语保持适度张力是思想政治教育话语传播的关键。生活化话语是更贴近教育对象生活实际的话语，教育者只有重视教育对象的生活世界，教育者的话语只有符合教育对象的主体需要，并且只有双方之间通过真实的情感沟通并创造和谐的话语环境才能切实避免通俗易懂，而不是生硬的话语形式，这样有利于减少教育者与受教育者之间沟通的阻力，促进良性、有效地互动，增强教育者的话语权威。并且结合社会生活的多样性，使浓厚的理论韵味与清新的生活气息相结合，使话语更加的生动和贴近生活，受教育者才能更好地接受和吸收。习近平总书记的讲话风格就是一个很好的范例。他的一系列讲话经常可以看到这样的话语，如"照镜子、正衣冠、洗洗澡、治治病""既要绿水青山也要金山银山""老虎苍蝇一起打"等，既体现了党的治国理政的方略，同时又是易于被广大人民群众接受，生活化了的朴实语言，少了些国家政策方略高高在上的距离感，多了些被广大百姓接受的亲切感。因此，在新媒体视域下我们要进行思想政治教育话语优化，就要做到使政治话语与生活话语保持适度张力，使思想政治教育话语既要保持政治性，又要立足于教育对象的思想实际与生活实际。

三、优化话语双方交流模式

新媒体平等互动开放的特性深深影响着思想政治教育话语双方的交流模式，新媒体视域下提倡的思想政治教育话语双方应采取平等对话的方式，并且由说事话语模式向情感话语模式转化。

（一）话语双方采用平等对话方式

新媒体视域下提倡的话语双方地位是平等的，教育者注重对于受教育者的话语引导，不再是传统的对于教育内容的单向灌输，新媒体时代注重的是主客体之间平等的交流互动对话。教育者要用欣赏的眼光对看待每一位受教育者，每个人的思想深处都有着无穷的可以开发的空间，一个好的教育者要能够充分激发教育对象自身的学习兴趣与学习欲望，而不是采用强塞硬灌的方式去教育，古人有云"不愤不启，不悱不发"正是这个道理，在新媒体环境下，教育者不仅要及时掌握国家的方针政策，通过制定思想政治教育目标以形成目标导向，传播党的政策理论号召、社会的道德行为规范来弘扬社会主义核心价值观，对受教育群体进行理想信念教育和价值观教育，以实现政治导向和价值观导向。更要了解当前受教育者的思想动态变化，并针对其思想和行为出现的问题有针对性的沟通与引导，使受教育者主动意识到问题所在并能够及时修正自身的缺点与不足。

在新媒体环境下要建立话语双方平等的对话方式，教育者首先要提高自身的新媒体素质，新媒体时代会出现这样一种现象，许多在受教育者中广为流传的网络用语，教育者却闻所未闻。而教育者传播的话语内容，在一些受教育者看来欠缺吸引力。新媒体环境下缩小教育双方话语鸿沟，教育者首先要从自身做起。多学习网络话语，提高自身的新媒体素质，强化自身的网络信息技术水平，并积极体验受教育者的生活和学习方式，借助新媒体平台观察他们的思想动态和兴趣爱好，将严肃的理论说教话语向轻松的生活话语转变，为双方的对话打造和谐的氛围、奠定良好的内容基础，从而提高受教育者对话语内容的理解与接受程度。

其次，教育者要建立与受教育者在网络上的沟通渠道，如可以建立思想政治教育资源网站、思想政治教育微信公共主页，可以成立网上心理关怀专线，主动去发布教育信息来和受教育者进行交流，在网上实现线上为教育对象答疑解惑，走进教育对象生活去实现对他们的思想教育、政治教育和道德教育。这样可以促进教育者与受教育者的思想沟通和意见反馈，从而使双方能够在愉悦融洽的话语状态中展开积极对话。同时思想政治教育工作者要加强自身的使命感与责任感。作为坚守在教育前沿阵地的思想政治教育工作者，作为担负铸魂育人重要使命的一线人员，他们的责任感与使命感决定着思想政治教育未来的发展道路与方向，关系着党政方针政策的贯彻落实，关系着思想政治教育工作能否顺利开展。思想政治教育的影响力有待思想政治教育工作者们不断积蓄能量，加强学科建设的积极性与主动性，充分利用新媒体来更新和完善自己的话语内容。

最后，教育对象要从主观上认识到自己话语主人翁的地位，提高自身积极性，主动与教育者沟通交流，充分发挥自己的主观能动性，认识到自己不再仅仅是教育信息与话语内容的接受者，而是话语对话中的主体与主要参与者。要主动配合教育者顺利完成教育任务。

（二）以说事话语模式向情感话语模式转化

话语作为人与人之间沟通交流的媒介，不仅可以促进话语双方的互动参与以启发思想、达成共识、增进信任，而且最终能够指导行动去建构世界，使个体与社会相统一。情感因素在思想政治教育过程中发挥着不可替代的作用。每个人都可以接受情感的感化作用，情感既是人格的组成部分，又是教育的纽带和桥梁。教育者在思想政治教育过程中对受教育者动之以情，晓之以理，会使受教育者更易于接受教育内容，更易于了解道理去改变自己的心态和行为，从而使教育工作起到事半功倍的效果。情感因此增强了话语输出的效果。任何认知过程都包含情感的因素，情感的抒发与表达是人们共有的天性。教育者在思想政治教育实践活动过程中，不仅仅传递了教育信息，还会寓理于情，以情感人，有意识地注入情感因素。情感话语能够减少说事话语的独断性，增加思想政治教育话语的解释力与生命力，是促进教育双方心灵沟通的良药与秘方。如果话语双方在思想政治教育话语实践活动中缺乏情感因素的投入，在心理上疏远彼此，就会增添话语双方交流的阻力，使交流氛围缺少生机与活力。同样，也只有在教育对象的情感认同中才能实现思想政治教育话语的真正效用。情感功能在思想政治教育过程中的发挥主要是教育者以包含着情感的话语内容来实现的，辅助以表情、语气语调等。

人情的厚薄和冷暖，往往最能打动人的内心，健康积极的情感能够催人奋进，起到扬善抑恶的作用。而消极的情感则会使人与人之间互相排斥，从而降低思想政治教育的效果。感化不是唯一的教育，但却是一切教育的条件，任何教育离开情感的因素都是不能完成的。感情具有相互作用的效应，教育者以友好的情感对待受教育者，便会得到教育者的信任和尊重。同样，受教育者信赖和敬重自己的师长，往往会使教育者更加关心和爱护对方。教育者首先要以真挚的情感对待受教育者，尊重他们的人格，关心他们的生活和内心世界，以自己的爱唤起受教育者的爱，建立牢固的情感纽带。以情感话语代替说事话语来进行表达，可以改变生硬严肃的话语内容为春风拂面的动听话语，注入了情感因素的话语内容会减少教育者与受教育者之间的沟通阻碍，直接到达受教育者的内心，最终影响思想政治教育任务的落实。以情感渲染的思想政治教育话语氛围会触发受教育者的情感认同，从而促进话语双方的思想交流与话语表达。情感话语是一种感召型、激励型话语模式，是教育双方以平等的关系进行交流的一种表现形式，教育者将自身情感与思想政治教育内容有机结合，激发教育对象内在的情感因素，增加教育对象对于话语内容的领悟与理解，达成话语双方思想共鸣的一种话语模式。

参考文献

［1］柏文涌，黄倩．新媒体文化语境中大学生思想政治教育应对策略［J］．学校党建与思想教育，2013（9）：59-61．

［2］陈光军．新媒体技术环境下语言特点及思想政治教育对策研究［J］．山东省青年管理干部学院学报，2010（2）：71-73．

［3］陈立志．大学生思想政治教育创新研究［M］．成都：电子科技大学出版社，2011．

［4］陈旻．媒体格局变化条件下思想舆论引导研究［D］．中国矿业大学，2016．

［5］陈松青．新媒体文化视域下的思想政治工作及其改进方略［J］．理论导刊，2014（7）：90-92．

［6］陈志勇．新媒体时代的大学生思想政治教育［M］．北京：中国文史出版社，2014．

［7］成广海．思想政治教育模式研究［M］．太原：山西人民出版社，2007．

［8］邓皖宁．新媒体文化背景下大学生思想政治教育的创新研究［J］．电影评介，2015（8）：88-89．

［9］狄欣．校园新媒体环境下高校思想政治教育途径探析［J］．山东农业工程学院学报，2014，31（1）：120-121．

［10］董君彦．传播理论与高校网络思想政治教育的隅合研究［J］．课程教育研究，2017（50）：69-71．

［11］段佳丽，罗怀青．新媒体时代大学生思想政治教育研究［M］．北京：光明日报出版社，2016．

［12］冯培．新媒介时代高校思想政治理论课创新体系研究［M］．北京：旅游教育出版社，2013．

［13］傅进军．高校思想政治教育的创新与发展［M］．杭州：浙江科学技术出版社，2006．

［14］江丽，帖伟芝．新媒体时代高校思想政治教育创新研究［M］．郑州：中州古籍出版社，2015．

［15］ 李春成．新媒体文化环境下职业院校思想政治教育的创新思考 ［J］．职业，2018（2）：30-31．

［16］ 李莲．高校网络思想政治教育工作现状及创新 ［J］．希望月报（上半月），2007（7）：38-39．

［17］ 李林英，郭丽萍．新媒体环境下高校思想政治教育教学研究 ［M］．北京：人民出版社，2015．

［18］ 李亚新．思想政治工作创新 ［M］．北京：中国言实出版社，2004．

［19］ 李杨，孙颖，李冠楠．新媒体时代的大学生思想政治教育教学研究 ［M］．长春：吉林大学出版社，2016．

［20］ 梁剑宏．大数据时代：思想政治教育环境新论 ［M］．北京：光明日报出版社，2015．

［21］ 梁剑宏．大数据时代思想政治教育环境新论 ［M］．北京：光明日报出版社，2015．

［22］ 凌蔚然．中国梦与当代大学生理想教育融合的途径研究 ［D］．中北大学，2017．

［23］ 刘丹丹．浅析新媒体环境下高校辅导员职业能力新要素研究 ［J］．湖北函授大学学报，2017（2）：23-24．

［24］ 刘圣兰，陈新添．高校网络思想政治教育的现状与对策 ［J］．文教资料，2009（19）：161-163．

［25］ 刘想树．新媒体时代的大学生思想政治教育 ［M］．北京：中国文史出版社，2015．

［26］ 罗小勇．新媒体文化视域下的思想政治工作及其改进策略 ［J］．现代交际，2015（1）：12．

［27］ 彭瑞清，周志峰，向中全．新媒体环境下思想政治教育工作的创新与发展研究 ［M］．北京：光明日报出版社，2013．

［28］ 钱晓田．资源整合视域下的大学生思想政治教育 ［M］．南京：南京大学出版社，2015．

［29］ 冉富匀，李立夏，冯博．新媒体环境与高校思想政治教育创新探索 ［M］．北京：光明日报出版社，2015．

［30］ 上海市教育局．高等学校学生思想政治教育 ［M］．北京：教育科学出版社，1984．

［31］ 史庆伟．大学生思想政治教育管理与实践研究 ［M］．天津：天津教育出版社，2015．

［32］ 檀江林等．高校网络思想政治教育研究 ［M］．合肥：合肥工业大学出版

社，2007.

[33] 唐曼莲．思想政治教育反思与改革创新［M］．北京艺术与科学电子出版社，2012.

[34] 唐艳红，张小勇．网络媒体在高校思想政治教育工作中的应用研究［J］．考试周刊，2018（11）：125.

[35] 滕建勇．新时期高校思想政治教育探微［M］．上海：上海交通大学出版社，2011.

[36] 田晓伟．新媒体文化环境下职业院校思想政治教育的创新思考［J］．时代教育，2015（24）：109-110.

[37] 万美容．思想政治教育方法发展研究［M］．北京：中国社会科学出版社，2007.

[38] 王国岩．新媒体环境下高校思想政治教育研究［M］．北京：地质出版社，2014.

[39] 王洪，刘智．新媒体时代高校思想政治教育创新研究［M］．北京：中国社会科学出版社，2012.

[40] 王靖晶．当代大学生的心理困境与思想政治教育［J］．现代经济信息，2017（12）：444.

[41] 王爽．新媒体时代大学生思想政治教育的挑战与创新［M］．北京：中国言实出版社，2014.

[42] 王晓雪．新媒体时代高校辅导员网络思想政治教育路径探析［J］．连云港职业技术学院学报，2017（2）：61-63.

[43] 魏慧．新媒体的应用对高校辅导员工作模式的影响［J］．经济研究导刊，2017（6）：98-99.

[44] 向莉．新媒体的主要文化特性与思想政治教育［J］．知识经济，2013（12）：152-154.

[45] 杨吉棣，王丽清．当代大学生思想政治教育理论与实践研究［M］．北京：中国文史出版社，2015.

[46] 杨晓阳．新媒体背景下高校思想政治教育创新研究［M］．延吉：延边大学出版社，2017.

[47] 余芳．高校网络思想政治教育新探［J］．文教资料，2011（15）：199-201.

[48] 俞树彪．新媒体背景下的思想政治教育应对策略［J］．学校党建与思想教育，2010（23）：65-67.

[49] 曾光顺．中国梦融入大学生思想政治教育的模式研究［M］．北京：光明

日报出版社，2016.

［50］张强．加强思想政治研究改革教育教学工作［M］．北京：光明日报出版社，2015.

［51］张蓉．当代大学生中国梦教育研究［D］．电子科技大学，2017.

［52］张禧，毛平，尹媛媛．大学生思想政治教育实效性探索［M］．成都：西南交通大学出版社，2014.

［53］张艳艳．新媒体文化对大学生的影响及对策探究［J］．新闻战线，2015（2）：111-112.

［54］张瑜．高校网络思想政治教育发展与创新研究［M］．北京：人民出版社，2014.

［55］张再兴等．网络思想政治教育研究［M］．北京：经济科学出版社，2009.

［56］赵汉杰．当代大学生思想政治教育的创新研究及新媒体路径的实践探索［M］．中国书籍出版社，2017.

［57］周中之，石书臣等．现代思想政治教育理论与实践探微［M］．北京：人民出版社，2009.

［58］邹立莉，邵萌，郑世堃．当代高校思想政治教育模式创新及其实效性探究［M］．长春：吉林大学出版社，2014.